智库 中社

国家智库报告 2020（17）
National Think Tank

国际问题研究

纳瓦罗治学批判

王灵桂　等著

CRITICISM OF NAVARRO'S ECONOMIC ARGUMENTS

中国社会科学出版社

图书在版编目（CIP）数据

纳瓦罗治学批判／王灵桂等著．—北京：中国社会科学出版社，
2020.6（2021.6重印）

（国家智库报告）

ISBN 978 - 7 - 5203 - 6184 - 2

Ⅰ.①纳… Ⅱ.①王… Ⅲ.①对外经济政策—研究—美国
Ⅳ.①F171.251

中国版本图书馆 CIP 数据核字（2020）第 050245 号

出 版 人	赵剑英	
项目统筹	王 茵	
责任编辑	范晨星	
责任校对	沈丁晨	
责任印制	李寡寡	

出 版	中国社会科学出版社
社 址	北京鼓楼西大街甲 158 号
邮 编	100720
网 址	http://www.csspw.cn
发 行 部	010 - 84083685
门 市 部	010 - 84029450
经 销	新华书店及其他书店

印刷装订	北京君升印刷有限公司
版 次	2020 年 6 月第 1 版
印 次	2021 年 6 月第 2 次印刷

开 本	787×1092 1/16
印 张	10
插 页	2
字 数	100 千字
定 价	68.00 元

凡购买中国社会科学出版社图书，如有质量问题请与本社营销中心联系调换
电话：010 - 84083683

摘要：纳瓦罗是美国对华鹰派代表人物之一，其主张的强制技术转让、贸易战等，已转化为美国现今对华贸易政策。为反驳其错误主张和看法，本报告重点探讨其反华思想产生的来源。

关键词：纳瓦罗；反全球化；冷战思维；贸易

Abstract: Navarro is one of the representatives of American hawks against China. His arguments such as mandatory technology transfer, trade-war against China had been adopted by the US White House. This report explores the root of his anti-China arguments.

Key Words: Navarro, Anti-Globalization, Cold-War Logic, Trade War

目　　录

引　言

作为二流经济学家，纳瓦罗先生并不为美国民众和学界所熟知和称道，也不值得笔者枉费笔墨与其论战。但其似是而非的观点和言论，被美国决策者所看重，这带来两个问题，一是错误的观点为什么被采用？二是错误的观点将把美国引向何处？盲人骑瞎马、夜半临池深，这是笔者为美国人民感到十分担心的事情。

仔细研究纳瓦罗先生的《致命中国》，笔者感到纳瓦罗先生书中的观点可以用"无知"和"故意为之"两个词来形容。这个看法，与包括美国在内的西方学者对其的观点基本一致。但是，具体分析看来，"无知"有之，但占的成分不大，"故意为之"则更为突出。从这个意义上说，纳瓦罗先生的毛病是出在学风问题上了。可以毫不夸张地说，纳瓦罗先生是在利用他的学术背景，以语不惊人死不休的心态，特意迎合美国国内的某些暗流。而这种治学方式，恰恰是严肃经济学家所不齿的。

统览美国学界对纳瓦罗言论的评论，给笔者的总体印象是纳瓦罗是个对经济学一窍不通的假经济学家。连一般家庭主妇和高中生都了解的经济学常识，纳瓦罗这个讲授多年经济学的教授岂会不懂？这只能说明，纳瓦罗不是天真、不是无知、不是不懂，而是故意为之。作为美国当今内外交困局面下激进民粹主义的代表，纳瓦罗在解决世界难题、解决美国与其他大国如何相处问题上，从个人私利角度做出了自己的假学术选择。

纳瓦罗派的核心思想并没有什么与众不同，仍然是继续让美国从全球经济中攫取利益，继续维护美国长期的霸权地位或世界独一无二的地位。第二次世界大战以来，美国一直是自由贸易和多边主义的倡导者，且从其中获得了大量的经济利益，与本国经济形成良好的互动关系。除冷战与原苏联保持对抗之外，美国与世界其他国家基本上处于"和谐"状态，即尽可能将更多的国家纳入其主导的全球经济秩序框架之下，成为西化国家。然而，2007年金融危机爆发之后，美国一直未能寻找到新的经济增长点，或者说一直未能找到助力美国长期繁荣的增长点，更多的是临时性的或短期的要素在推动美国的经济增长。这也导致美国在国内政策上的摇摆或犹疑不决。除此之外，面对外部力量的崛起，特别是中国等新兴发展中国家利益的崛起，世界发展模式的多样化出现，导致美国模式或西方模式不得不处于大调整的边缘，美国对世界控制能力的下降导致美国越来越难以从不断变化的全球经济秩序中获得稳定的预期利益，特别是各种利益的相克相斥，使得美国在全球经济中能够攫取的利益越来越有限。此时，美国对外界"突如其来"的变化并没有足够的预期，正如美国智库评论道，"美国还没有准备好应对中国空前的经济崛起造成的混乱"。①

面对即将松动的美国霸权地位，特朗普和纳瓦罗呈现出的是某种紧张、慌乱和无措。当中国提出构建中美新型大国关系时，纳瓦罗派既不愿接受，又无路可走，就反其道而行之，以顺应民粹主义之名为由，以牺牲中美关系为代价，试图将中美关系强行置于对抗的框架之下以寻求解脱之道。在高喊"美国第一""美国优先"的口号下，通过动用关税手段，对全球经济进行"征税"，尽可能从外部攫取最大利益。

然而，通过人为树立敌对关系，也难以给美国带来期望的结果，或许美国还要准备收拾世界经济秩序被干扰之后的残局。正如美国学者指出的："为了挑战

---

① 《与中国的难以捉摸的"更好交易"》，美国大西洋理事会，2018 年 8 月 14 日。

中国日益增长的全球经济影响力，特朗普对中国产品开始征税，虽然这些措施可能有助于减少美国对中国的贸易逆差，并且可以暂时安抚美国工人，但在建立更公平、更可持续的贸易关系方面，这些措施几乎不会起到什么作用。"大部分经济学家警告称，包括美国对进口钢铁、铝征收的关税在内，各种关税正在干扰全球供应链，阻碍投资及企业招聘活动，目前这些措施带来的代价已经开始显现。

纳瓦罗派并不是不清楚自己在说什么、在做什么，纳瓦罗故意以偏激的方式发出种种言论，以一厢情愿的方式"改造世界"，恰好说明美国现在并没有什么治世良方。面对当今复杂的格局，一股脑地将一切过错推给别人、以传统的零和思维方式，以谩骂他人的方式，甚至罔顾事实、罔顾常识、罔顾科学，试图将他人吓到、吓退，这种简单粗暴的方式或许会起到某种作用，但是却并不能真正解决问题，美国终有要面对现实的一天，即思考如何与发展中国家和谐相助，如何与新兴大国和谐相处。正如华盛顿邮报在2017年2月17日发表的《会见"致命中国"的作者，特朗普在贸易上的亲信》援引美国前总统奥巴马领导下的经济顾问委员会主席贾森·弗曼的话，"美国经济面临的最大挑战和解决方案都来自国内政策"。"尽管国际问题和公平竞争环境都很重要，但中国不是所有问题的根源，对中国采取行动也不是所有问题的答案。"

历史不可能倒退，也不可能被个人所绑架。"纳瓦罗现象"是美国特殊历史时期出现的一种怪现象。纳瓦罗本人作为当前美国对自己、对外部摇旗呐喊的小卒，注定有其过渡性，或者特殊功用，我们不应为纳瓦罗的言辞和做法所蒙蔽。当这一历史时期过后，美国将进入自我反思阶段，纳瓦罗现象也终将成为历史。当国际社会和美国人民说出"再见，纳瓦罗"之时，可能也是美国回归理性和现实之日。笔者相信，应该不会让我们等待太长时间。

本书的研究和写作得到了中国社会科学院谢伏瞻院长、中国社会科学院国家高端智库蔡昉理事长的亲切关心和悉心指导。本书是中国社会科学院国家高端智库的集体创作成果，王灵桂研究员、赵江林研究员、张中元副研究员、谢来辉副研究员、王金波副研究员共同完成了本书的写作任务。王灵桂研究员负责框架设计和通稿工作。其余同志按照分工，分别承担了各章的写作任务。赵江林研究员除承担相关章节的写作任务之外，还负责课题组的统筹运转和保障工作。景峰同志及其国外智库研究项目组为本书提供了得力而详尽的资料支持。在此，特向百忙之中拨冗关心的各位领导表示衷心感谢，向毅然搁置手头任务，全力投入本课题组研究的同志们表示衷心感谢。

中国社会科学院国家高端智库

纳瓦罗研究课题组

2018 年 10 月 15 日

第一章　纳瓦罗反全球化的
本质及危害

一　纳瓦罗反全球化的观点与特点

20 世纪 90 年代后期，自由市场的力量席卷全球，在资本逐利本性的驱使下，开放与全球化所引致的社会问题不断出现。全球化在带来经济效率的同时，也加剧了市场竞争，造成了环境污染、劳工侵权、失业和发展不平衡等一系列后果，致使反全球化声音此起彼伏、持续不断。2008 年国际金融危机的爆发终结了全球经济长达 20 多年的"大稳健时代"（Great Moderation），并开启了全球经济再平衡的调整期。[①] 全球经济增长陷入持续结构性低迷，失业、收入分配不均、社会两极分化等问题开始在发达国家内部持续发酵。低迷的世界经济形势引导了反全球化浪潮，而这些国

---

① 陈宗胜、康健：《反全球化的逆流与经济全球化的深化》，《全球化》2017 年第 6 期。

家的政府也未能做出及时有效的调整，反而强化了这一现实，致使处于经济与社会边缘地位的中下层民众日益不满，他们将造成这些问题的原因在相当大程度上归因于全球化，表现出日益强烈和情绪化的排外主义、保护主义、反建制主义和本国优先主义。① 这些群体希望在市场力量之外寻求社会保护而诉诸政治力量，彼得·纳瓦罗（Peter Navarro）的反全球化观点恰好迎合了美国中下阶层民众的这些政治、经济和社会需求。纳瓦罗的《致命中国》（*Death by China：Confronting the Dragon——A Global Call to Action，by Peter Navarro and Greg Autry*）② 一书在 2011 年出版后，得到许多对华鹰派人士的齐声喝彩，国会众议员罗拉巴克为此书撰写了后记。纳瓦罗还于 2012 年亲自导演了同名纪录片，在纪录片中，美国所有的经济问题都被归咎于中国的贸易，甚至认为中国是所有问题发生的"幕后黑手"。特朗普对纳瓦罗评价颇高，曾说过："几年前看过纳瓦罗关于美国贸易问题的书，我对他的研究观点和想法印象深刻"。特朗普对《致命中国》一书也评价较高，认为该书"一针见血，它用事实、数字和洞察力描述

① 盛斌、宗伟：《特朗普主义与反全球化迷思》，《南开学报（哲学社会科学版）》2017 年第 5 期。

② 《致命中国》的另外一位合著者叫格里格·奥特里（中文名字安一鸣），曾是纳瓦罗的学生，是南加州大学马歇尔商学院研究企业家行为的助理教授，2017 年被委任到美国国家航空航天局任职。

了我们同中国的问题，我强烈推荐"。2016 年纳瓦罗成为特朗普竞选团队的政策顾问，与罗斯共同起草了特朗普的经济计划；同年 12 月特朗普宣布成立白宫国家贸易委员会（White House National Trade Council），任命纳瓦罗为主席。特朗普在这份声明中写道，"对纳瓦罗的任命显示了候任总统让美国制造业重新崛起的决心"，该机构有望"让美国制造业再次变得伟大"。

当前美国面对的最严峻问题是经济增长速度远远低于历史平均水平及潜在增长率，贸易逆差不断扩大。纳瓦罗试图从国外贸易环境方面寻找美国结构性失衡问题的缘由，最终他把美国 GDP 增长率低于历史平均水平的最重要原因归咎于净出口额的变化，而且把净出口额大幅减少的矛头直指中国贸易的冲击。① 因此在《致命中国》一书中，纳瓦罗坚称美中贸易逆差是美国经济出现问题的根源，认为中国同美国进行不公平贸易，瓦解了美国的制造业基础。中国违反国际贸易的所有准则，其目的就是要主宰全球的制造业，占领全球市场。书中浓墨重彩地列举了中国用来"消灭美国人工作机会"的"八种武器"：非法的贸易出口补贴；操纵人民币汇率；仿冒、盗窃美国的知识产权；大规模环境破坏；忽视工人健康和安全标准；不合理

---

① 郑健雄：《纳瓦罗的新重商主义》，光明网，2017 年 1 月 13 日，http：//www. gmw. cn/xueshu/2017—01/13/content_ 23465729. htm。

的进口关税和配额；以掠夺性定价将外国竞争对手挤出关键资源市场，然后以垄断定价欺诈消费者；筑起贸易保护壁垒，阻碍外国竞争对手合法进入。纳瓦罗认为要开启美国繁荣的大门，除了促进创新和技术变革、实施合适的财政货币政策、税收贸易政策、社会福利权益计划和金融监管等一系列措施外，减弱中美两国间的贸易失衡是解决美国严重结构性失衡问题的重要法宝。因此纳瓦罗主张对中国商品实施惩罚性关税。在《致命中国》一书中，纳瓦罗为中国和墨西哥计算出了应加征43%的关税，这也是特朗普威胁要对中国和墨西哥征税45%惩罚性关税言论的源头。纳瓦罗还对自己臆想的问题，在书中煞有介事地给出了一套解决办法：阻挠美国企业到中国投资、阻止部分中国企业到美国收购或者筹资、号召美国民众不要购买中国产品等，由此可见纳瓦罗的政策思路具有强烈的反全球化贸易保护主义色彩。

纳瓦罗与特朗普一样宣称贸易战很容易赢，他认为美国现在足够强大，处于经济周期的有利阶段，可以进行权力博弈，打压中国。例如，在《致命中国》一书中，纳瓦罗就主张要劝阻美国企业到中国投资，让美国公司的高管认识到战略性地将产品和工作外包到中国会带来风险，中国常常通过直接窃取或者通过有关政策（要求技术转移或者要求研发部门重新选址）使公司的知识产权丢失。美国企业要立即停止技术转移和在中国设立研发部门，通过立法方式来阻止美国企业以技术换取中国市场，并阻止部分中国企业到美国收购或者筹资，禁止有中国国家支持的大型国家石油、电信、矿产公司收购美国、加拿大、澳大利亚的企业；此外，还要通过立法禁止任何需要审查的中国媒体和互联网公司在美国上市筹集资金。纳瓦罗在 2018 年 6 月 19 日表示，"如果他们以为多采购几样我们的产品，就能廉价地笼络我们允许他们继续窃取我们的知识产权和皇冠之珠，那么他们就误判形势了。中国低估了特朗普的决心，贸易战会让中国损失更多，如果中方不改变其'掠夺式'贸易方式，美国将会征收更多关税。"① 同日，美国白宫贸易与制造业政策办公室发布《中国的经济侵略威胁美国及世界的技术和知识产权》报告，在报告中，美国指责中国通过市场扭曲的产业政策发展面向未来的新兴产业，认为中国正通过各种努力赶超发达国家的技术，占领全球高端制造业，向全球价值链高端迈进，其中绝大部分是不遵守全球惯例和规则的进攻性行为和政策。中国采取六类"经济侵略"措施对美国的经济与国家安全造成

---

① 《纳瓦罗：中国低估特朗普改变中方贸易行为决心》，《联合早报》2018 年 6 月 20 日，http：//www.zaobao.com/realtime/china/story201 80620—8 68687。

损害，并且威胁全球经济和全球创新体系。2018 年 6 月 28 日，纳瓦罗在出席哈德逊研究所的会议上表示中国的做法对美国构成了结构性挑战。[①] 显然无论是报告还是纳瓦罗的说辞均带有强烈的政治动机，是在中美经贸摩擦升级背景下为美国的单边主义和保护主义政策寻找借口。

纳瓦罗还宣扬中国崛起威胁论，认为中国是造成美国制造业就业流失的主要原因，全球化损害了美国工人阶级的利益。在《致命中国》一书中，纳瓦罗从货币操纵、不公平贸易政策以及致人死命的商品三个角度说明中国对美国的威胁，认为因为中国产品对美国市场的冲击，使 5 万美国工厂关闭，2500 万美国人找不到工作。在《致命中国》的副标题中，纳瓦罗呼吁"全球一致行动来对抗中国龙"，书中还敦促国会通过"美国自由与公平贸易法案"，从法律上为所有对外贸易定下规矩；派人前往北京进行秘密外交，暗中警告中国立刻停止操纵人民币，否则美国将把中国列为货币操纵国；美国还应该告诫美国企业外包中国所带有的风险，同时禁止中国强迫美国企业转让核心技术，不允许中国国有企业购买美国公司等。

---

① 李伟：《美国乱贴"经济侵略"标签实属荒唐之举》，《人民网》2018 年 7 月 7 日，http：//world. people. com. cn/n1/2018/0707/c1002—30132330. html。

2016 年 9 月，纳瓦罗和罗斯共同撰文称"中国是世界最大的贸易'骗子'，中国加入 WTO 是美国经济低迷的催化剂，美国进口了失业，出口高质量的生活水平"。2017 年 3 月 7 日，纳瓦罗在《华尔街日报》撰文称，中国大举投资美国已危及美国国家安全，美方必须通过强硬而聪明的双边谈判，让中国实行对等开放和公平贸易，减少美方贸易逆差压力。① 特朗普也认为"他（纳瓦罗）很有先见之明地记录了全球化令美国工人承受的伤害，为接下来如何恢复我们的中产阶级展示了一条明路"。

尽管特朗普称赞纳瓦罗观点"清晰""研究扎实"，但实际上认可纳瓦罗观点的经济学家并不多。从纳瓦罗发表的文章来看，没有顶尖期刊论文，这样的学者在学术圈是没有多高地位的，所以他就靠在电视上或媒体上发表危言耸听的评论以吸引眼球，"不走寻常路"。纳瓦罗在贸易方面的很多立场让很多其他经济学家都把他视为经济学界的异类，耶鲁大学杰克逊全球事务研究所高级研究员、摩根士丹利亚洲区前主席斯蒂芬·罗奇（Stephen S. Roach）认为纳瓦罗的"经济学理论会误导人、缺乏准确性，而且高

① 《纳瓦罗辩称，为什么白宫关注贸易逆差问题》，中华人民共和国商务部网站，2017 年 3 月 15 日，http：//www.mofcom.gov.cn/article/i/jyjl/m/201703/20170302534703.shtml。

度政治化。其所著的《致命中国》一书及其衍生纪录片可以让任何狂热者兴奋"。并且直言"纳瓦罗就是伪经济学家长队中的最新一员"。① 美国印中美经济智库的经济学家丹·施泰因博克（Dan Steinbock）评价说，纳瓦罗渲染的"中国威胁论"，缺乏事实根据，更像是政治说服工具。彭博则评论该书充满了情绪化的攻击，如经济欺诈和奴役劳动等，完全忽略了中国经济改革开放以来积极的一面，以及中国经济对全球经济复苏与增长所做出的贡献；他所拍摄的《致命中国》也是只讲述中国负面的问题。卡托研究所专注于研究贸易政策的中心主任伊肯森专门发文直指纳瓦罗的错误观点，认为纳瓦罗专栏文章中几乎每一个段落都包含事实性错误或者错误的理解："在如此之多的专栏中把分析错误和谬误描绘成事实，这让人深感困惑。"

二　纳瓦罗反全球化观点的本质与原因分析

第一，纳瓦罗有选择性地反对不利于美国自身发展的全球化，以期继续维护美国在全球化现实中的利益以及操控全球化的主导权和话语权。纳瓦罗在《致

---

① 斯蒂芬·罗奇：《"致命纳瓦罗"有可能致命美国》，环球网，2018年7月12日，http://opinion. huanqiu. com/hqpl/ 2018—07/ 12469649. html。

命中国》一书中谴责政治家们所推崇的基于自由贸易政策的"不公平贸易"，并且认为这些政治家们深受国际公司和其他支持全球化团体的蛊惑；在同名的影片中，则夸张地宣称美国即将大祸临头，只有通过对中国的贸易改革才有可能避免灾难的发生；而贸易改革就要采用经济民族主义，包括为美国企业设立保护性的关税政策，重新夺回美国的制造业。因此纳瓦罗的反全球化观点并不是以经济理论为基础的，而是一系列以美国经济利益为先的政策措施，主要包括实行贸易保护主义政策以增强美国产业的竞争力、政府扩大对经济的干预、提高关税保护本土产业等。所以纳瓦罗的贸易与工业政策不过是一种改头换面的新重商主义，其新重商主义更强调稳健的工业（尤其是制造业）是造就强劲经济的基础，主张通过反全球化的贸易政策和提振工业（尤其是制造业）的方式来实现经济的长期增长。纳瓦罗反全球化从表面上看是对自由贸易的反动，实质上是按照维护美国利益的原则重新审定世界贸易体系和贸易规则，是一种有选择性的反全球化，以改变美国在国际贸易中处于贸易赤字的不利地位，保证满足美国在全球贸易中绝对至上的利益和主导权的有利地位。

近期，特朗普领导下的美国对众多国家挥舞单边主义的贸易制裁"大棒"，接连对欧盟、加拿大及中国在内的众多经济体发出加征商品关税的报复措施，以寻求所谓的"缩减贸易逆差，达到更公平的贸易"目标。但反全球化背后，美国真是全球化的受害者吗？美国是当代占主导地位的发达国家，既是经济全球化的发起者和直接推动者，更是经济全球化的最大受益者。经济全球化使美国享受到很多好处，通过全球化美国企业占据了全球高端服务业，如金融、法律、会计师事务所等，而向全球输出了中低端产业，对高精尖产业大加保护，极大地促进了其跨国公司的发展和全球扩张，并使其对外投资规模不断扩大，美国始终是国际直接投资的主导力量。即使是反对全球化倾向明显的特朗普，也不认为美国完全退出全球化是轻而易举的事情。在美国国内政治中，反全球化的思潮已经成为驱动美国政治发展的主要动力。纳瓦罗抛出全球化使得"美国受害论"的伪命题，是基于无限放大全球化的负面效应，通过修辞技巧把美国主观臆想成为藏在蚂蚁身后的大象，扮演吃亏受损者和遭受经济侵略者，以此向更多国家和地区提出更多的利益诉求。

但是问题在于全球化为世界经济和各国发展提供了机遇，为何唯独美国成为受害者？纽约大学客座教授、世界政策研究所资深研究员詹姆斯·诺尔特（James Nolt）表示，如果中国是以掠夺性为主的贸易国，大部分国家都应该与之产生贸易逆差，然而除美国之外，其他主要贸易国与中国之间并没有巨大的逆差。在奥巴马执政时期担任美国政府经济顾问委员会主席的杰森·福尔曼（Jason Furman）也认为，美国经济挑战的最大来源和应对之道应从国内政策中寻找，"中国并不是所有问题的根源，修理中国也不能解决所有问题"。耶鲁大学杰克逊全球事务研究所高级研究员、摩根士丹利亚洲区前主席斯蒂芬·罗奇（Stephen S. Roach）认为纳瓦罗的政策建议会适得其反，"按照纳瓦罗塑造的'致命中国'意象，特朗普可能正让美国倒在自己的剑下"。首先，美国的贸易问题是多边的，而非双边。2017年美国与102个国家存在贸易逆差，这些贸易逆差的分布反映出比较优势的国际分工。其次，美国贸易失衡是"储蓄—投资"不平衡的产物，美国储蓄不足同时又想消费和经济增长，只能从国外进口盈余储蓄，通过大规模国际收支和贸易赤字来吸引外国资本，因此像美国这样储蓄不足的国家（2018年1季度净国民储蓄率仅为国家收入的1.8%）容易出现长期贸易逆差。未来几年，美国的储蓄—投资失衡状况可能会更糟，让多边贸易赤字更加严重，这是2017年年底立法通过的大规模减税和联邦政府增加开支的直接后果。[①]

纳瓦罗的反全球化观点带有较强烈的孤立主义倾

---

① 斯蒂芬·罗奇：《"致命纳瓦罗"有可能致命美国》，环球网，2018年7月12日，http://opinion.huanqiu.com/hqpl/2018—07/12469649.html。

向，出于维护美国自身利益的需要而对美国全球战略所导致的外部负效应采取极端不负责任的态度。第二次世界大战后，美国凭借超强的政治、军事和经济实力推行称霸世界的全球干涉主义，放弃了孤立主义外交理念而在战后一直充当着全球领导者的角色，由其主导的全球化过程实质上就是美国利益不断扩张的过程。虽然美国海外干涉或战争的最终目的是争夺世界战略要地和关系世界经济发展命脉的资源以极力维持和巩固其世界霸权地位，但美国一直打着人权、民主、自由、和平、人道主义灾难救援的旗号发动战争，推动颜色革命。然而战争和颜色革命没有带来美国许诺的所谓"民主与繁荣"，其"后遗症"却是政局动荡、党派纷争不断、国家分裂、教派和民族矛盾凸显、恐怖主义肆虐、暴力事件频发、经济停滞。因此在21世纪第一个十年结束之际，美国孤立主义思潮再次抬头，其背景就是美国在阿富汗战争、伊拉克战争、"阿拉伯之春"以及叙利亚内战中受挫。如同过去在军事上不负责任地干预一样，美国不负责任地收缩和逃避国际责任加剧了国际金融市场动荡、地区冲突升级、恐怖主义蔓延、民粹主义盛行，给世界带来新的威胁和不确定性。2008年国际金融危机之后，美国孤立主义思潮更是开始从美国对外战略领域，延伸到了包括贸易、同盟关系、移民问题在内的其他领域，并且美国孤立主义思潮中带有了明显的民粹主义色彩。

纳瓦罗强调现实利益和军事实力，认为维护美国的最好方式不是维持自由主义的国际秩序，而是捍卫主权国家，建立强大、富裕的国家。特朗普执政以后，其注重的核心是重建美国国内的政治、经济和社会秩序，减少海外政治和军事义务，停止对外经济援助，采取全球性收缩的对外战略。美国《纽约时报》网站曾评论道："二战后，美国人第一次选出这样一位总统，他承诺推翻历任总统一直实行的国际主义，将自己的外交政策总结为'美国优先'的特朗普承诺沿墨西哥边境建立一道高墙，暂时禁止穆斯林移民进入美国。""特朗普的获胜预示着一个更关注自身事务，让世界其余地方好自为之的美国"。[①] 纽约时报认为，"美国优先"正演变为"美国被恨"和"美国孤独"。美国一百年来为世界发展做出贡献，但如今却在走向世界对立面。[②] 2017 年 6 月 20 日"世界难民日"当天，联合国秘书长安东尼奥·古特雷斯在记者会上直言不讳地指出，美国打算削减对一些联合国基金提供的资金，那将是"灾难性"的，"会给联合国的管理带来难以解决的困难"。古特雷斯认为，在大国关系不

---

① 《特朗普或领导美国转向孤立主义引盟友担忧》，参考消息网，2016 年 11 月 11 日，http://www.cankaoxiaoxi.com/world/20161111/1418587.shtml。

② 《美媒认为美挑起贸易战是站在世界对立面》，参考消息网，2018 年 7 月 16 日，http://column.cankaoxiaoxi.com/2018/0716/2293680.shtml。

明朗、不确定性日益增加的世界，包括联合国在内，整个国际社会在防止冲突和解决分歧方面的作用是非常有限的。当被问及唐纳德·特朗普政府的政策如何影响国际秩序时，古特雷斯警告说："如果美国从对外政策和国际关系的许多领域抽身，我认为这对美国和世界都是不利的"。[①]

此外，纳瓦罗的反全球化观点反映了当前部分美国民众在政治、社会、经济议题上的民粹主义表达。在全球化迅猛发展的浪潮下，美国一直潜藏着一股反对的暗流。近年来，右翼民粹主义者成了美国反全球化运动的主力，其原因在于全球化和自由贸易的缺陷使一部分美国人的利益受到损害，全球化导致了"赢家"和"输家"的出现及两极分化的加剧。图 1 - 1 数据显示，1979 年美国最富裕 10%、20% 阶层的收入占比重分别为 25.3%、41.2%，到 2016 年该比重分别增长到 30.6%、46.9%；但 1979 年美国最贫困 10%、20% 阶层的收入占比重分别为 2.3%、6.4%，到 2016 年该比重分别下降到 1.6%、5%；美国基尼系数也从 1979 年的 34.6% 增高到 1994 年的 40.2%，此后一直在 40% 以上，到 2016 年更是达到了 21.6。因此收入差距的扩大是在过去近 30 年内累积形成的，这也表明

[①] 《联合国秘书长：美国不应放弃承担国际责任》，新华网，2017 年 6 月 22 日，http：//www.xinhuanet.com/world/2017—06/22/c_ 129637882.htm。

在过去几十年的快速全球化中，美国内部各群体并没有均等分享全球化的红利，高收入阶层占有了全球化更多的机会和收益，而中低收入群体成为最大的受损者。伴随着资本的自由流动和产业的跨国转移，美国的制造业呈现出衰落之势，社会收入严重极化。经济全球化趋势下阶层利益分化不断加深，阶层利益严重分化的格局奠定了美国反全球化逆流回潮的社会基础，成为反全球化现象兴起的内部根源。

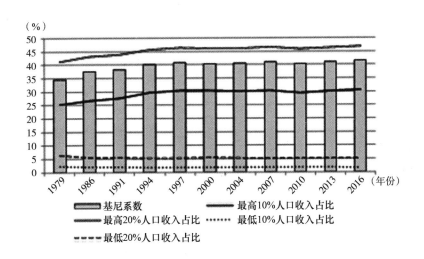

图1-1 美国基尼系数及最高（低）10%、20%人群

收入比重（1979—2016年）

资料来源：世界银行世界发展指数数据库（WDI）。

在全球化负面冲击下，美国中下层民众尤其是低教育水平、低技能、年龄较大的白人成为全球化的利益受损者和失意者。这部分群体以前往往是政治上的"沉默的大多数"，由于美国的现行政治体制长期僵化不变，并未采取有效的措施来解决失业、收入停滞和贫富分化等社会问题，这些失意者的激进和不安情绪一直没有得到切实的安抚，导致他们在政治上变得激进，倾向于利用民粹主义的手段来获得权力。因此，以种族主义、排外主义为特征的民粹主义、保护主义思潮在美国普通民众中得到越来越多的呼应，由此激发出一个反对现行体制的民粹主义革命。① 可以说，美国当前反全球化思潮是其国内社会现实政治矛盾的折射，它不仅仅是诸如纳瓦罗式的个人观点的表达，而是反映了美国民粹主义、保护主义势力的泛滥。民粹主义是美国政治的悠久传统和独特风格，每当出现严重的经济危机或文化冲突时，民粹主义运动就会在美国爆发。而且美国的民粹主义运动主要是一种政治风格和策略，它既可以与左的意识形态又可以与右的意识形态结合起来。②

因此纳瓦罗的反全球化在一定程度上是美国特定经济、政治、社会环境下的产物，他的右翼民粹主义观点呼应了当代美国的部分社会诉求。在纳瓦罗看来，美国当前的不利境况是全球化造成的，在美国成为输家的同时，中国成为美国贸易逆差的最大获益者。为

① 盛斌、宗伟：《特朗普主义与反全球化迷思》，《南开学报（哲学社会科学版）》2017 年第 5 期。

② 付随鑫：《美国的逆全球化、民粹主义运动及民族主义的复兴》，《国际关系研究》2017 年第 5 期。

此纳瓦罗通过大众传媒进行具有民族性、排外性和煽动性的说辞以调动一些人的情绪。例如，纳瓦罗在《华尔街日报》撰文称，外国资本大举进军美国会危及美国国家安全，"假设这么一种情况：并购美国的是一个正在迅速实现军事化且觊觎全球霸权的战略对手，它大肆买进美国的公司、技术、农场、食品供应链，并最终控制美国国防工业基础。""美国开始失去对食品供应链的控制，而外国公司仍在大举收购硅谷资产。""伴随着几十年的贸易逆差和工厂大规模转移海外，如今在美国仅有一家公司能修理海军潜艇推进器，没有一家公司能生产出军用飞机平面显示器或夜用防风镜，美国钢铁业命悬一线，铝业四脚朝天，造船厂船坞已长满海洋甲壳生物。""这种形式的征服对美国子孙后代意味着什么？我们的子孙们可能会输掉一场真正的热战，因为美国国防工业基础已随着挥之不去的贸易逆差被输送到了海外。""我们要通过自由、公平和对等的贸易，让美国贸易重新实现平衡。"① 纳瓦罗所声称的这些以美国的利益为基础来制定对外贸易政策等带有强烈民粹主义色彩的言论，有效激发了美国民众对现状的不满情绪，以及对精英政治、技术官

---

① 《纳瓦罗辩称，为什么白宫关注贸易逆差问题》，中华人民共和国商务部网站，2017 年 3 月 15 日，http：//www. mofcom. gov. cn/article/i/jyjl/m/201703/20170302534703. shtml。

僚的不信任和迫切改变现状的主观愿望，其具有煽动性的反全球化说辞赢得了边缘化的民众乃至对现实充满了不满的中产阶级的认同和共鸣，进而促成了美国政治上向保守主义、孤立主义转向，助推了美国新一轮反全球化的浪潮。

三 纳瓦罗反全球化观点带来的危害

尽管纳瓦罗在反全球化议题上不代表美国经济学界的主流观点，其言行也不受诸多同行的欢迎，但他的言辞对美国很多普通民众有很大的吸引力，特别是那些在全球化中失掉了工作机会的工人。在特朗普竞选期间，纳瓦罗是其强硬经贸路线的设计者之一，包括废除自贸协定、对来自中国的进口商品征收高额关税、严惩海外设厂的美国公司等。如果说特朗普当选总统之前仅仅是有一点反全球化的意识，那么纳瓦罗就是把这个意识具象化、理论化的指导者。他被任命为白宫贸易委员会主席，预示着美国今后 4 年甚至 8 年的贸易政策将具有强烈的保护主义色彩，美国在贸易问题上会更加以美国利益至上。即便特朗普将纳瓦罗的一小部分思想付诸实施，全球化也将严重受阻。

第一，纳瓦罗的反全球化观点反映了强烈的逆历史潮流而动的保护主义思潮，它可能会导致全球贸易规则的破坏。纳瓦罗所秉持的强硬贸易政策不只是对中国，也会对美国所有贸易伙伴，甚至对全球贸易秩序产生破坏。纳瓦罗认为贸易谈判应当以扩大美国贸易额、减少美国贸易赤字为标准，但在一个市场和供应链高度全球一体化的世界中，关税政策以及非关税壁垒均会对就业、经济增长等产生负面影响。而对纳瓦罗的任命表明特朗普政府的贸易战略中要践行买美国产品、雇佣美国工人的诺言，推行更多贸易保护主义政策，并且与他国发生更多贸易摩擦的可能性增大。卡托研究所贸易政策研究负责人丹·伊肯森（Daniel Ikenson）担忧地认为，作为鹰派和民粹主义经济学家，纳瓦罗的贸易观点是"危险且极富误导性的全球经济零和看法"。《民主是如何死亡的》一书的两位作者丹尼尔·兹比拉天（Daniel Ziblatt）与史蒂夫·列维茨基（Steven Levitsky）认为美国目前处在一段需要警惕的历史时期，特朗普是一位独特的、前所未有的总统，他不停地打破规则，冲击着包括但不仅限于民主制度的美国基本制度。

特朗普认为美国的贸易逆差导致了失业，而这种逆差的产生是自由贸易导致的，因此特朗普政府威胁退出全球化，施行单边主义政策，要采取更为"激烈"的方式让其他国家为美国的产业打开一条"公平、互利的市场通道"。《2017 总统贸易政策议程》中提出了四个优先事项：捍卫贸易政策上的国家主权、严格执行美国贸易法、使用杠杆撬开国外市场和重新谈判更好的贸易协议；而要实现这样的目标，对于在特朗普看来"违反了公平贸易原则"的国家，美国有可能会单方面加税。不难看出特朗普的贸易政策是在借公平贸易之名行贸易保护之实。《南德意志报》评论文章认为，特朗普和他的贸易委员会主任彼得·纳瓦罗"希望通过威胁对贸易伙伴施加重税，赢得更多的国家利益""在他们幻想的世界里，所有对美国有贸易顺差的国家，都是魔鬼。贸易在他们看来，就是一场零和博弈。谁让美国有了逆差，就是依仗了不公平贸易条款"。但"特朗普绝对无法通过这条路，去完成一个平衡的进出口贸易成绩单，这是带领他的国家踏进了一个没有人熟悉的雷区"。[①]

第二，纳瓦罗孤立主义倾向强烈的反全球化观点会影响美国参与国际事务，使得美国逃避承担国际责任，在未来的一段时间内造成全球公共产品的供给不足。现在特朗普政府对多边主义持怀疑态度，认为多边体制只是让其他国家搭美国便车，而美国并没有从过去的那些多边体制中获得足够的利益。对于不符合美国意愿的多边组织，特朗普政府或试图改变原有规

[①] 《德媒：特朗普不可能赢得同中国的贸易战》，欧洲时报，2018 年 4 月 7 日，http://www.oushinet.com/china/chinanews/20180407/288529.html。

则，或干脆退出。① 因此特朗普上台后呈现一种退出多边组织的惯性，接连退出《跨太平洋伙伴关系协定》（TPP）、《巴黎协定》、联合国教科文组织，以及伊朗核问题全面协议、联合国人权理事会等多个多边组织和协定。美国连番"退群"表明特朗普对多边机制的态度短期内不会回转，也让各国对特朗普政府"改弦更张"的外交政策更加不抱希望，美国已成为现有国际体系的"修正主义者"、国际关系的最大变数。

美国作为世界上最大的经济体，现在选择转向经济民族主义。特朗普政府以"美国优先"为政策基准，追求短期利益。查尔斯·金德尔伯格（Charles Kindleberger）认为 20 世纪 30 年代世界多灾多难的原因是，虽然美国已经取代英国成为世界大国，但却未能接替英国扮演为全球提供公共产品的角色，结果导致全球体系陷入衰退、种族灭绝和世界大战。约瑟夫·奈（Joseph Nye）将这种状况称之为"金德尔伯格陷阱"。此外，特朗普政府为维护美国霸权，采用规则修正主义，在降低多边机制的管控成本、提高控制效率的同时，不惜一切手段，打压、遏制新兴大国和任何可能挑战美国霸权地位的国家，着力减损竞争对

---

① 《"退群"上瘾，美国的全球领导力正被自己耗尽》，参考消息网，2018 年 6 月 20 日，http：//column. cankaoxiaoxi. com/2018/0620/ 2282610. shtml。

手在规则体系中的收益，增加中国等新兴经济体在规则体系中获益的难度，企图以制度霸权维护自身在国际事务中的主导地位和既得利益。特朗普这一系列的做法导致国际规则之争加剧，大国竞争博弈上升，合作意识下降，地缘政治日趋复杂敏感，全球治理"无序""碎片化"严重。

第三，纳瓦罗的反全球化观点可能会导致民粹主义在美泛滥，造成政治矛盾的升级。英国《金融时报》称纳瓦罗是一个"对华鹰派人物、民粹主义经济信息的制造者"，原本已被白宫边缘化的白宫贸易顾问纳瓦罗重新被特朗普"提拔"至白宫核心决策圈，白宫内部"民粹主义""民族主义"势力"卷土重来"。反全球化和民粹主义在美国有深厚的基础，在美国全球主义和民族主义都得到了大量民众的支持，短期内一方不可能完全压倒另一方。但从民粹主义的角度来看，各国之间和一国内部贫富差距扩大，全球化利益分配不均，财富向少数人集中，美国许多白人的经济社会地位会继续恶化，市场效率与社会公平持续失衡。而纳瓦罗精通于传统媒介和社交媒体，深谙社交媒体的潜在影响力，他充分利用了中产阶级对于美国现状的不满，激发了美国民众民族主义和民粹主义情绪，并将二者结合起来。

除了《致命中国》一书，纳瓦罗还写了《卧虎：中国军国主义对世界意味着什么》（*Crouching Tiger*：

What China's Militarism Means for the World）和《即将到来的中国战争》（*The Coming China War：Where They Will be Fought and How They Can be Won*）两本书。这三本著作皆主打所谓的"中国威胁论",从标题到封面设计都很耸动。洛杉矶时报都认为,《致命中国》"充满了仇外的歇斯底里和夸大事实,泛滥到分不清事情的因果关系"。当煽动性言辞以突破禁忌的方式给当事人带来了所期望的结果时,规范就变得支离破碎,其他煽动性的政客也会效仿而成为规则的破坏者。如果美国社会不能有效协调不同的群体、利益和价值观的冲突,在某些极端情况下右翼民粹主义不满的积累和发泄可能会给美国带来长期的动荡和混乱,导致民粹主义在美泛滥,贸易摩擦和贸易战接踵而来,将严重影响全球经济联动、协调发展,制约全球性挑战的解决,各领域全球治理也会更加困难。

2018 年 4 月,美国前国务卿、乔治敦大学的奥尔布莱特发布新书《法西斯主义:一个警告》（*Fascism：a Warning*）,她在书中警告说,"法西斯主义不是人类的一个例外,而是其中的一部分","特朗普是美国现代史上第一个反民主的总统"。在国内他的基础选民继续顽固支持他兑现竞选承诺,共和党议员也顺应民粹主义,绝大多数的美国大企业不敢对特朗普公开叫板,而是静观其变。在对外关系上,特朗普认为中国、欧盟、日本、加拿大都根本不敢和美国单挑打贸易战，而且因为军事安全和意识形态的原因，这些国家更不可能联手对付美国。特朗普相继退出不合心意的协议，如防止地球变暖的巴黎协定、伊朗核协议，甚至暗示退出世界贸易组织，似乎任何人都无法阻止特朗普式做法。如果特朗普滥用这些手段，谁都无法预知会不会催生出一个 21 世纪版的《斯穆特——霍利法案》，这很可能重蹈 20 世纪 30 年代的覆辙，即提高关税的连锁反应招致世界恐慌，甚至引发战争。

第二章 纳瓦罗过时的冷战思维及其对世界的危害

　　当前，美国政府对于世界经济特别是中美经贸关系的看法正在发生巨大的变化，这主要体现为当前特朗普政府正在日益从狭隘的民族主义视角来看待世界经济问题，重新审视美国与世界其他主要经济体之间的经济关系。造成这一转向的一个重要原因在于彼特·纳瓦罗和罗伯特·莱特希泽（Robert Lighthizer）等一批鹰派人物在政治上得势。这些经济政策上的鹰派围绕在特朗普总统周围，对于当今的世界持与过去完全不同的看法，正在重构对华关系。其中，纳瓦罗作为美国总统的贸易政策顾问在推动这个政策转向过程中扮演了重要角色。最能向我们展现这种经济民族主义者的思维地图，莫过于纳瓦罗与其合作者安一鸣（Greg Autry）在 2011 年出版的《致命中国》一书。①

---

① Navarro，P. and G. Autry，*Death by China：Confronting the Dragon：Confronting the Dragon—A Global Call to Action*，Pearson Prentice Hall，2011.

　　经济民族主义思想在美国一直存在，但是一直受到主导的新自由主义全球化思想的压制，直到2008年国际金融危机之后得以全面复兴。这种思想认为，全球化特别是中国加入世界贸易组织会对美国经济造成损害。但是，经济民族主义思想尽管存在于很多美国人身上，纳瓦罗尤其危险之处在于，他同时还具有强烈的冷战思维。这种冷战思维使得当前美国的经济民族主义思潮更加具有危险性，可能导致目前的中美经贸摩擦进一步升级，从而造成巨大破坏性的严重后果。

　　正是由于代表右翼民粹主义政治浪潮的美国总统特朗普被身边的这些像纳瓦罗这种具有浓厚冷战思维的顾问们所包围，中美关系在2018年进入了一个低谷。

一　纳瓦罗冷战思维的具体体现方式

　　纳瓦罗的这种过时的冷战思维，突出体现在他以零和博弈的观点来看待中美关系中的问题与矛盾，认为中国是另一个与美国争霸的苏联，因此美国应该像过去遏制苏联一样来遏制中国的发展。具体来说，我们可以将其归纳为三个方面，即他将中国贸易以及发展归结为政府争夺霸权的战略动机；将中国的经济和安全崛起夸大为针对美国和西方国家的威胁；建议再次采取类似冷战时期对付苏联的策略来遏制中国。

（一）纳瓦罗认定中美矛盾源于中国争霸的战略动机

纳瓦罗尽管获得了哈佛大学的经济学博士学位，但是多年来一直却在依靠大肆鼓吹中国的"地缘政治威胁"来刷存在感。和常见的"中国威胁论"一样，纳瓦罗并非以规范科学的分析见长，而是以恶意揣测中国的战略动机，制造危言耸听的言论著称于世。

2006 年，纳瓦罗出书告诫美国企业界与中国经济往来的高度风险，次年他在《解构中国价格》中称中国产品价格由"补贴、低估汇率、假冒、盗版"等几部分构成。在《致命中国》一书中，纳瓦罗先入为主地把中国的贸易政策定性为"重商主义加保护主义"，并且罗列了所谓的"八种武器"，以示中国在不择手段地消灭美国人的就业机会。其中，这八个方面的手段分别是：（1）精心设计的非法出口贸易补贴网络；（2）巧妙操纵货币使其严重低估；（3）公然仿冒、盗版和偷窃美国的知识产权；（4）短视地为了换取几块钱生产成本的优势而大规模破坏环境；（5）超低标准的劳工健康标准、远低于国际规范的安全标准，导致大量工人罹患棉肺病、肢体伤残和各种癌症；（6）将非法关税、配额以及关键原材料的出口限制，和对世界冶金和重工业取得更大控制权作为战略性的策略。
（7）掠夺性定价及倾销，把国外对手挤出关键的资源
市场，接着以垄断性定价欺诈消费者；（8）以"贸易
保护主义长城"阻碍所有的外国竞争者在中国的土地
上长久立足。

纳瓦罗一直在无端揣测中国存在与美国争夺霸权
的恶意动机。纳瓦罗认为，中国用这些手段同美国进
行不公平贸易，瓦解了美国的"制造业基础"，造成
工厂倒闭，大量工人失业。他认为，中国已经违反了
国际贸易的所有准则，其目的就是要主宰全球制造业，
占领全球市场，在经济上逼迫西方世界臣服。

纳瓦罗在分析中美经济关系问题时，不仅是把贸
易问题与美国的制造业就业问题相联系，还把制造业
与军事能力相联系，甚至还把中国的军事能力直接等
同于对美国的挑战与威胁。比如在《致命中国》一书
中，纳瓦罗把美国人购买中国货物与国家安全联系起
来，称与中国的贸易导致了美国超过 50000 家企业倒
闭，这对美国制造武器系统的能力造成重大打击。他
还称，中国从美国贸易逆差中获得巨大利益将使中国
军方受益，用于"制造对付美国本土的武器"。

纳瓦罗毫不掩饰自己的冷战思维，相反还反复强
调必须以冷战思维来看待中国和中美关系。纳瓦罗对
华强硬立场不仅在经济上，还表现在军事和政治议题

上，对中国充满敌意，更加彰显了典型的冷战思维色彩。比如在《致命中国》的第八章，纳瓦罗在讨论中国的军事力量发展形势时，明确提出了必须以冷战思维看待中国的崛起："我们应该清楚了解，美国人需要的不只是奥巴马总统为了启动经济成长而要求的'斯普特尼克时刻'（a Sputnik moment）。我们连同欧洲、日本和世界其他国家也需要有'丘吉尔时刻'（Winston Churchill moment），这提醒我们有意取得区域霸权、决心统治全球的武力强大的极权国家有多么危险。"①

众所周知，1958 年原苏联领先发射了人造卫星"斯普特尼克 1 号"进入太空，在美国上下激发了与苏联进行经济和科技竞争的热情。"斯普特尼克时刻"在美国代表的是一种全国上下奋发向上与外国对手进行竞赛的精神。尽管这个说法产生于冷战的背景下，但是却没有包含太明显的只针对冷战对手的意味，因此在美国的媒体中经常出现。恰恰相反的是，纳瓦罗所生造的"丘吉尔时刻"这个说法，指向的是丘吉尔发表"铁幕演说"提醒西方，特别是美国关注苏联的威胁，它所表达的却是一个明确地向某个对手发起冷战的想法。

在 2015 年与章家敦（Gordon Chang）合著的《卧

---

① ［美］彼得·纳瓦罗、安一鸣：《致命中国》，中译本，第 113 页。

虎：中国的军事主义对世界意味着什么》一书中，纳瓦罗从意图、能力和战略三个角度分析了中国军事崛起，称中国的目标是打破西方自由秩序的统治，妄言中国可能成为偷袭珍珠港的日本帝国的翻版。① 2016年11月，纳瓦罗和特朗普的另一个顾问亚历山大·格雷（Alexander Gray）在《外交政策》上撰文，批评奥巴马政府的"亚太再平衡"政策过于软弱，助长了中国在东海和南海开展"攻击性行动"，并且违背了向台湾提供综合性军售协议的承诺。

相比之下，纳瓦罗也正是因为他浓厚的冷战思维才得以在特朗普的顾问团队中备受青睐。丹·狄米科（Dan DiMicco）曾经担任特朗普过渡团队贸易高级顾问，他也对中美经济关系有激烈的批评。他认为，中国的"中国制造2025"产业政策意在使中国主导未来所有的产业，虽然竞争本身是合理行为，但中国的相关政策使得美国及其他各国的公司，不能用中企在美国竞争的同等方式，在中国市场竞争。② 狄米科曾经长期担任美国纽柯钢铁公司（Nucor）的首席执行官，是美国国内制造业利益集团的一个代表性人物，他提出这种抱怨并不奇怪。瓦克拉夫·斯米尔（Vaclav Smil）

① Navarro, P. and G. Chang, *Crouching Tiger：What China's Militarism Means for the World*, Prometheus Books, 2015.

② Dan DiMicco, *American Made：Why Making Things Will Return Us to Greatness*, Palgrave Macmillan Trade, 2015.

在《美国制造：国家繁荣为什么离不开制造业》一书中也认为："中国在 20 世纪 80 年代以来的崛起确实给美国带来了此消彼长的影响"。[①] 但是，与纳瓦罗相比，这些人更多只是单纯的经济民族主义者，尽管认为中美之间存在一定的利益冲突关系需要采取措施进行调整，但是对于中国本身却并没有太多敌意。可是，纳瓦罗却是一个变本加厉的仇华分子，在经济民族主义的成分上再加了一份浓重的冷战口味。特朗普最终任用了纳瓦罗来取代狄米科作为贸易政策顾问，其中的危险性不言自明。

（二）纳瓦罗抹黑和夸大中国的经济和安全威胁

纳瓦罗多次写书，发表歪理，但是其核心是他所构筑的一套"逻辑"：世界上人口最多、世界第二大经济体的中国，正在迅速成为地球上"最高效的杀手"；中国企业不择手段，令世界市场充斥着致命产品；中国的非法重商主义和保护主义，在一步步扼杀美国工业；中国军队也不怕与美国正面对抗，美国的政治家和学者却对逐步逼近的"中国威胁"保持沉默。

在《致命中国》第 11 章讨论中国的北斗导航系统时，纳瓦罗认为这意味着中国要摧毁美国 GPS 导航系

---

① ［加拿大］瓦克拉夫·斯米尔：《美国制造：国家繁荣为什么离不开制造业》，李凤海、刘寅龙译，机械工业出版社 2014 年版。

统和准备攻击美国。他说："中国推出自己的 GPS 与美国抗衡，强烈暗示了中国的军国主义意图。毕竟，美国提供免费的 GPS 给全世界使用，其他国家没有理由承担这么庞大的经费去开发自己的系统，除非它有意摧毁美国的 GPS 系统，或者与美国发生军事冲突。"按照纳瓦罗的这个逻辑来推演，任何中国出于自力更生的意识发展的独立技术，都可能是出于进攻美国对应系统的考虑，都会对美国构成威胁。这种逻辑显然是极其荒谬的。

纳瓦罗的书中还存在大量危言耸听的言论，仿佛中国无时无刻不在觊觎美国的技术优势和霸权地位。比如，纳瓦罗写道："从公共政策的角度来看，向任何一个及所有中国人打开美国教育的大门，是一个危险的游戏。……这是攸关重大的事情，因为我们国家的大学和国家实验室以及诸如硅谷这样的企业发展研究中心……已经变成了中国工业和军事间谍眼中名副其实的'糖果铺'了。"①

抛开这些议题不论，纳瓦罗书中最有煽动性的论述，应该是其中强调中国通过对美出口破坏美国的制造业"掠夺"就业机会的部分。纳瓦罗说："在过去十年中，骑着自由贸易的木马，一个掠夺性的中国就在我们的眼皮底下窃取了数百万个美国制造业的就业

———————

① ［美］彼得·纳瓦罗：《致命中国》，台湾中文版，第155页。

机会。如果我们保住这些工作，美国的失业率将远低于5%……美国政府预算将会平衡。"①

纳瓦罗并没有费心去论证这样一个作为立论基础的论断，相反是作为一个先入为主的分析前提反复强调。如果对比相关的文献，可以发现纳瓦罗其实明显夸大了中美经贸关系对美国制造业及就业的负面影响。比如，美国哈佛大学亚洲研究中心学者欧弗豪特（William H. Overholt）认为，综合相关的专业研究成果来看，造成美国制造业失业问题的主要因素是技术进步和管理创新导致的效率提高，其中只有1/6—1/7可以归因于全球化的力量，大概在13%—21%。尽管如此，全球化的作用也只不过是加快了制造业就业人数下降的已有进程而已。更为重要的是，他认为，美国国内两党都选择了回避事实，都没有建议采取积极政策补偿工人利益和加强教育培训，而是选择把中国作为替罪羊来大肆攻击，特别是美国的工会没有负担起保护和培训工人的责任，帮助工人适应经济结构的转型。因此，他认为，美国左右两派的政治经济精英都在推动虚假的宣传，是对制造业工人的"重大背叛"。②

---

① ［美］彼得·纳瓦罗：《致命中国》，台湾中文版，第66页。
② William H. Overholt, "The Great Betrayal: How U.S. Elites Are Failing to Confront the Realities of Trade Politics," *The International Economy*, Winter 2017, www. international-economy. com/TIE_ W17_ Overholt. pdf.

　　美国列维经济政策研究所（Levy Economics Institute of Bard College）的学者车尔尼娃（Pavlina R. Tcherneva）指出，制造业工作在全球范围内都逐渐衰落，一部分是因为自动化，但主要是因为国内市场不再有能够支撑制造业部门的就业岗位，绝大多数发达国家制造业的就业岗位都经历了减少40%—70%的过程。即使是在中国，制造业部门的就业也不再是就业增长的源泉。到2015年年末，中国的制造业就业人数占总就业人数的比例已经降至13%，而2016年美国的对应数字是8%。在美国工人的工资水平普遍高于第三世界国家的情况下，制造业的回归必然不可能以单纯扩大产能、增加就业的形式实现，更可能是高新技术产业的部分回归，这很难改善在全球化中失去工资的低学历中年人的就业状况。即使在对工业品征收高关税的保护下，美国制造业真的实现大规模回迁，美国国内的市场也难以支撑就业回到第二次世界大战后的黄金时代。相反，成本的上升会抬高价格，造成通货膨胀，这将导致消费者福利大幅下降。这种福利下降在选择余地较小的低收入群体中将表现得尤为明显。①

---

　　① Pavlina R. Tcherneva, "Trump's Bait and Switch: Job Creation in the Midst of Welfare State Sabotage", *Real-World Economics Review*, No. 78, pp. 148–158. 转引自谢富胜、吴越《新自由主义的危机与特朗普经济学》，载《国外理论动态》2017年第6期。

（三）纳瓦罗大肆宣扬要用冷战时期的遏制策略来应对中国

第一，纳瓦罗在《致命中国》中鼓吹对所有中国进口产品征收 43% 的高额关税，这一建议直接与特朗普后来竞选总统时提出对中国商品征收 45% 关税的口号相呼应。第二，纳瓦罗还建议读者不要购买"中国制造"的产品，而是购买"美国制造"以及"来自美国真正的自由贸易伙伴"的所谓"自由世界制造"的产品。第三，他建议完全禁止中国国有企业并购美国的企业资产，要求增加对中国游客和签证的审查，"作为加强反间谍工作的一部分，我们必须对任何中华人民共和国申请签证进入美国的人，进行最严格的审查"。而且他完全否认这是种族歧视，相反还振振有词，认为"这是源于对'原产地国家'的分析，它是必须做的"。第四，在网络问题上，纳瓦罗建议开发专门针对中国的"网络开关"，以便在网络战全面爆发时"及时切断所有中国 IP 地址以及美国互联网网络的连线"。第五，纳瓦罗还建议美国在华企业撤资，要求"不要投资中国企业、中国共同基金，或者甚至主要是中国股票构成的'发展中国家成长基金'"，并认为这种战术对于中国这样严重依赖外资的国家会非常有效。

值得一提的是，纳瓦罗认为美国境内存在一种非官方的"中国辩护者联盟",其中包括"致命的美国企业叛徒"(American Corporate Turncoat)、"致命的中国辩护者"(China Apologist)或者"取悦熊猫的智囊团",并且还罗列了大批美国企业和智库人士的名单,辱骂攻击这些人士背弃美国国家利益。其中,提出"中国的经济增长为世界(特别是对美国而言)带来了显著而惊人的利益"的法里德·扎卡里亚(Fareed Zakaria)被认为是"中国辩护者联盟"的标志性人物。纳瓦罗特别列出了大西洋理事会、卡耐基国际和平基金会、战略与国际问题研究中心(CSIS)、外交关系委员会以及进步政策研究所等主要智库中许多中国问题研究专家的名字,包括包道格(Doug Paal)、李侃如(Ken Lieberthal)等诸多知名人士,称"他们对中国议题缺乏敏锐的观察及深度的了解"。纳瓦罗的这种党同伐异的做法极其罕见,完全超越了学术论争的正常界限,即便如此他还是否认自己是麦卡锡主义者。

当然,纳瓦罗的这些想法并非孤立的,并在特朗普政府受到了越来越多的重视。美国"福克斯新闻网"在2018年3月发表文章题为"中国不是美国的朋友:特朗普的选择是正确的"。其中以充满冷战思维的论调称,"美国和中国现在是敌人",美国要为中美全面摊牌"做好准备"。曾任特朗普经济顾问的美国传统基金会(The Heritage Foundation)资深经济分析家史蒂芬·穆尔（Stephen Moore）2018 年 3 月在 CNN 接受采访时表示，特朗普总统似乎比华盛顿的所有人都更早地意识到，在许多方面中国已经成为美国明确的威胁，而美国前任总统们对于这一点都懵然不觉。中国在积极地跟美国竞争经济优势，就像"中国制造 2025"当中明确阐述的那样。他说，中国是 21 世纪的苏联，它不是美国的友好盟友，而是日益敌对的敌人。与其 10 年后跟中国爆发热战，不如现在跟中国摊牌。文章认为，为了赢得这场跟中国之间姗姗来迟的对决，华盛顿需要团结一致，两党需要共同展示美国的决心和实力，就像在"9·11"的时候那样，民主党领袖应该放下政治分歧，美国公司也应该放下短期利润，加入对中国的讨伐。

当前，纳瓦罗的相关想法正在不断深化，正日益趋向于"与中国实现经济脱钩"的政策方向。2018 年 9 月 23 日，英国《金融时报》发表文章认为，纳瓦罗和莱特希泽等美国贸易鹰派得势，正在重构对华关系。这些经济政策上的鹰派围绕在特朗普总统周围，对于当今的世界持与过去完全不同的看法。他们相信，从美国长期的国家利益来看，必须要与中国在经济上脱钩。认可这种观点的人在五角大楼大量存在，在进步左派的劳工部分中也有不少。尽管他们有各自不同的议程，但是在以下想法之下团结在一起了：中美两国正处于长期的战略竞争进程之中，因此，美国的贸易政策与国家安全政策不再相互分离，这对于全球商务来说是一个根本性的转变。对于跨国公司负责人抱怨近期关税战影响广泛而又深重，导致实际通胀压力并被迫提价，鹰派毫无同情。相反，鹰派把这些公司视为叛徒，认为他们只是幼稚地为了在不支持西方价值观的国家获得短期利益就变节，并且认为这类国家并不会给予他们平等的市场进入权。而且在当前的政治经济话语下，鹰派完全控制了话语权。文章认为，美国最新提出对价值2000亿美元的中国进口货物加征关税的做法极为危险，因为它在真正重构中美政治和经济关系，超过了贸易战的含义而走向了冷战。文章指出，如果中美贸易战升级为冷战，那么在华投资的美国企业将会非常难以抉择。①

二　对纳瓦罗冷战思维的分析与反驳

（一）中美经济关系结构性矛盾形成的原因

纳瓦罗的作品并不是以严格的社会科学分析方法进行研究的结果，而是通过选择性地展示和肆意渲染个案的信息，推销先入为主的个人偏见。纳瓦罗无视

---

① Rana Foroohar, "US trade hawks seize their chance to reset China relations", *Financial Times*, September 23, 2018, https://www.ft.com/rana-foroohar.

中美关系发展演变的历史逻辑，而是在冷战的思维下捕风捉影，推广"中国威胁论"以迎合美国国内右翼保守势力。

客观来看，当前中美经济关系出现摩擦源于更加深层的结构性矛盾，并非如纳瓦罗所说的是中国的争霸动机。在过去 20 多年里，美国一直寄希望于市场开放和民主化齐头并进，认为中国经济的崛起在中期应该使其变得更像西方国家，因此可以缓和中美地缘政治竞争。在这个过程中，中国也意识到了向世界市场开放带来的经济成功的机会，也希望通过加强与美国经济的相互依赖来减少政治上的潜在冲突。正是因为这个逻辑，中美两国在经济上迅速地相互融合。美国的消费需求推动了中国的出口增长，中国的巨额储蓄提供了资金购买美国的国债并维持了美国的低利率。全球经济蓬勃发展，中国在世界贸易中的所占份额迅速增长。正是因为如此，尼尔·弗格森（Niall Ferguson）和莫里茨·舒拉里克（Moritz Schularick）两位学者共同创造了"中美国"（Chimerica）这个词，以描述中美两国之间在经济上高度相互依赖的状态。

但是，这样一种局面因为美国对华政策发生急剧转变而被扭转。在 2017 年特朗普上台之后，美国的决策者们认为之前的对华接触政策遭遇了失败，开始因为怀疑自己的成功模式而觉得受到了中国发展的威胁。

在特朗普政府 2017 年 12 月发布的《国家安全战略报告》中，特朗普的个人序言中这样阴沉地写道："当我上任的时候……流氓政权正在开发核武器……来威胁整个地球。激进的恐怖组织蓬勃发展……敌对势力正在全球范围内积极地破坏美国的利益……我们盟友间负担分配不公平，对我们自己的国防投资不足，这都引来了危险。"这被美国著名历史学家阿尔佛雷德·麦考伊（Alfred McCoy）认为是一份"内容空洞"的文件，一直"在误解和妄想之间摇摆不定"。① 但是，当前正是这种误解和妄想在主导着美国决策者的对华政策。

　　2018 年 2 月 15 日在美国众议院军事委员会举行的听证会上，普雷斯顿大学国际关系学教授弗雷德博格（Aaron L. Friedberg）和美国对外关系委员会高级研究员拉特纳（Ely Ratner）指出，之前美国对华政策是失败的，导致美国在与中国的战略竞争中处于下风。其中弗雷德博格认为，冷战结束以后，美国的"既接触又平衡"的双管齐下战略，目的是在保持稳定的同时通过与中国接触来"驯服"并最终改造中国，使其成为美国主导的自由主义国际秩序的一部分，最终实现政治上的民主化。但是中国并没有按照美国所希望的那条道路向前发展，在它变得日益富裕与强大的同时，

---

① Alfred McCoy, "The World According to Trump, or How to Build a Wall and Lose an Empire", TomDispatch. com, January 16, 2018.

它没有走向西方式民主化，而是在军事上更加民族主义、在外交上更为强势。他们因此建议，"美国能够遏制中国的势头，阻止中国主导的非自由秩序在亚洲以及世界其他地方发展壮大"。2018 年 2 月 13 日，美国前助理国务卿库尔特·坎贝尔和前国家安全副顾问埃利·拉特纳在美国《外交》杂志发表文章，题为"评估中国：北京如何辜负美国的期望"。其中的观点与前述内容基本一致，总结和反思了美国自第二次世界大战后以来"决定中国航向"的超级自信是如何一再落空。

这种"对华接触政策失败论"传播较广，在美国还有大量拥趸。相比之下，纳瓦罗是属于较早提出这样一种观点的鹰派分子。只不过，在特朗普政府当前大张旗鼓推出的这种观点日益占住主导地位。这一事实背后的含义深刻，反映了当前阶段美国对外战略大转型的特征，而且其中过分突出了中国因素。它表面上是检讨和反思过去的战略以寻求改变，其实却过于肤浅。[①] 它试图对美国之前主流的自由国际主义外交战略进行彻底清算，积极呼应特朗普的国家安全战略报告的思想，主要是为当政的右翼保守派的外交政策服务。

当前，美国的一些政客出于自身的狭隘利益，把美

---

① 参见 William H. Overholt，"The West Is Getting China Wrong"，*East Asia Forum*，August 11，2018，http：//www. eastasiaforum. org/2018/08/11/the-west-is-getting-china-wrong/。

国国内的经济发展不平衡的问题简单归咎于中国，明显是在向外转移国内的政治矛盾。自 20 世纪 70 年代以来，美国在政治和经济上陷入严重的两极分化，经济增长成果的分配越来越不平等。美国中产阶级尤其受到了 2008 年国际金融危机导致的房地产泡沫破裂的严重影响。正如德国柏林自由大学教授莫里茨·舒拉里克所说："如果全球化的赢家少而输家多，那么在一个民主国家，用不了多长时间就会出现一个满怀爱国激情、把本国问题归咎于外国的政治家。加剧不平等的原因是很复杂的，但把责任归咎于不公平的贸易行为是一种简单而且通常容易成功的策略，它能够让公众不再关注自己的疏忽。"①

（二）美国经济结构性失衡的内部原因

与纳瓦罗所说的相反，美国当前的经济结构性失衡并非源于中国的"经济侵略"或者争夺霸权，而是要归咎于美国自身的新自由主义政策。

从 20 世纪 80 年代开始，里根总统奉行新自由主义，重点是私有化和放松管制，导致政府退出经济领域。90 年代冷战结束后，新自由主义政策很快就发展到全球。新自由主义者错误地认为全球化会形成一种完美的国际劳动分工，各国可以凭借"比较优势"来

---

① 莫里茨·舒拉里克：《"中美国"从经济依存走向贸易战》，《参考消息》2018 年 10 月 5 日。

促进无限的经济增长和财富积累。与此同时，欧美西方国家通过世界银行和国际货币基金组织大力推动"华盛顿共识"，把新自由主义政策推广到了全球，迫使发展中国家锁定在国际分工的底层，限制了产业升级和进口替代的发展战略。

这种新自由主义全球化对美国自身的后果是复杂的。一方面，美国因为不受约束的宏观经济政策获得了额外的经济优势，建立起了"美利坚经济帝国"维持其巨大的军事优势。克林顿的国家安全顾问安东尼·莱克（Anthony Lake）说："接替遏制原则的必须是扩展战略，即对奉行市场经济的自由世界的扩展。"因此，在英国伦敦政治经济学院的罗伯特·韦德（Robert H. Wade）教授看来，美国不但在军事领域是一个帝国，而且在经济领域也成了一个帝国。他认为，"美利坚经济帝国"实现了以经济规则为基础的范围更广的世界秩序，致使表面上无力的市场的日常运作为美国产生了极大的利益，而美国甚至不必非常偶然地滥用其军事优势。这个世界秩序维持着目前的状况，使人口仅占全球人口5%的美国取得全球1/3的收入（按市场汇率计算），并且占有全球军事活动开支的40%以上。[①]

---

① ［英］罗伯特·韦德：《美利坚经济帝国》，载美国《挑战》杂志 2004 年 1/2 月号，转引自《国外社会科学文摘》2004 年第 12 期。

另一方面，在新自由主义意识形态的主导下，美国等西方国家也陷入了经济结构失衡，特别是导致制造业对外转移和金融投机泡沫，最终引发了 2008 年国际金融危机。冷战结束后，很多西方国家加快了产业对外转移，把大量的被视为低附加值的产业转移到包括中国在内的发展中国家。一些西方国家甚至大胆地放弃了大部分制造业，全面转向高附加值的金融服务业，从而造成了制造业与服务业的失衡。产业转移必然影响到就业，而就业又转而影响到消费和政府财政等问题。2008 年国际金融危机表明，凡是制造业依然领先的国家（如德国），受危机的影响就小，凡是金融业发达的国家（如英美），不但是危机的制造者，而且本国的制造业也被波及。[①]

基于这样的认识，可见纳瓦罗只是看到了贸易领域的变化，而没有看到投资和生产领域的变化是导致美国制造业萎缩和就业机会流失的真正原因。纳瓦罗因此指责中国的贸易和产业政策，显然是片面和不合理的。而且，纳瓦罗也没有看到，美国政府基于冷战思维，长期对华实施严格的出口管制，人为抑制了美国优势高新技术产品对华出口潜力，造成美国企业丧失大量对华出口机会，加大了中美货物贸易逆差。纳

---

① 郑永年：《中国崛起：重估亚洲价值观》，东方出版社 2015 年版，第 95—96 页。

瓦罗不去清算里根政府以来的新自由主义经济政策，而是简单地把矛盾转向中国，并且推崇里根政府时期的冷战政府，根本就不是出于冷静的逻辑分析，而完全是因为冷战思维在作怪。

（三）中美可以解决当前的结构性矛盾并避免发生冷战

纳瓦罗认定中美矛盾不可调和，冲突不可避免，其实完全是对现实的误判。事实上，中美之间完全可以通过加强协调，避免走向新的冷战。

2015 年 9 月 24 日，美国哈佛大学亚洲研究中心高级研究员、曾任兰德公司亚太政策研究中心主任的威廉·奥弗霍尔特（William H. Overholt）在《赫芬顿邮报》发表文章认为，美国最大的敌人既不是中国也不是俄罗斯，而是它自己本身。当时他就认为利益集团的视角导致美国国会抛弃了第二次世界大战后美国积极推进经济融合的战略，转而过分依赖军事优势，事实上这种做法却屡屡失败。[①]

类似的，即使是"修昔底德陷阱"概念的首创者、美国哈佛大学著名学者格雷厄姆·艾利森（Graham

---

① William H. Overholt, "America's Biggest Enemy Is Neither China nor Russia-It's US", https：//www. huffingtonpost. com/william-h-overholt/america-enemy-china-russia_ b_ 8170624. html; William H. Overholt, "The Enemy Is US", *The International Economy*, June 22, 2015, pp. 8 – 12.

Allison）也认为，当前美中两国都应该把解决国内问题放到中心位置。艾利森在 2017 年出版了新书《注定一战：美中如何避免坠入修昔底德陷阱》，但是他在结论部分强调中美之间的"修昔底德陷阱"并非不可避免。艾利森认为，在美国，华盛顿已经变成了一个失效的首都。白宫和国会甚至在一些最基本的政府功能上也不能合作，比如年度预算和对外协议等。而中国在技术和管理创新等领域也面临诸多挑战。他认为："如果中国美国最高领导人把解决国内问题放在首位，在亚洲争霸就不会显得那么重要了。"①

美国布鲁金斯学会的杰夫·巴德（Jeffrey Bader）最近发表文章指出，美国的对华接触从来都不是恩惠，而是因为该政策完全符合美国的利益。如果美国放弃接触将会加剧敌意，并"让中国领导人和公民都相信有必要对美国采取更敌对的立场"，从而使不会走美国道路的其他国家获益。巴德认为："如果继续保持密切接触，一点也不会妨碍美国推进政策改变，以应对来自中国在经济、数字、学术和安全领域的挑战。而且事实上，通过让中国继续参与中美融合，中国可能会

---

① Graham Allison, *Destined for War: How Can America and China Escape the Thucydides Trap*, Houghton Mifflin Harcourt, 2017.

更加有效地实现相应的政策变化。"①

2018 年 9 月，中国政府也明确强调：中美两国合则两利，斗则俱伤，愿意坚定推进中美经贸关系健康发展。中国充分释放善意，"愿同美国相向而行，本着相互尊重、合作共赢的精神，聚焦经贸合作，管控经贸分歧，积极构建平衡、包容、共赢的中美经贸新秩序，共同增进两国人民福祉。中国愿意在平等、互利前提下，与美国重启双边投资协定谈判，适时启动双边自贸协定谈判"。②

三 纳瓦罗过时的冷战思维对世界的危害

第一，美国决策者的冷战思维对中美关系产生严重伤害，可能引向真正的冷战。

当前，由于纳瓦罗等鹰派分子在美国政府占据主导地位，引导美国对华政策迅速向遏制的方向转型，导致中美关系达到历史的低谷。对于这一问题，纳瓦罗作为特朗普的贸易政策顾问，负有不可推卸的责任。因为"一些人总是跟不上历史前进的脚步，身体已进

---

① Jeffrey Bader, "U. S. -China Relations: Is it time to end the engagement?" *Brookings Policy Brief*, September 2018, https: //www. brookings. edu/wp-content/uploads/2018/09/FP_ 20180925_ us_ china_ relations. pdf.

② 国务院新闻办公室：《关于中美经贸摩擦的事实与中方立场》，2018 年 9 月。

入21世纪，而脑袋还停留在冷战思维、零和博弈的旧时代。在这些人眼里，国际经贸往来无异于你兴我衰、你胜我败的残酷游戏，满目都是对手，威胁自然无处不在。原本是互利共赢，偏要解读成自己吃了大亏；原本可以坐下来好好商量，偏要四面树敌、死磕到底"。①

未来中美两个大国之间的关系可能持续恶化，甚至走向新的冷战，这引发了有识之士的深刻担忧。最近，美国国会图书馆中文部前主任、美中政策基金会总裁王冀在香港《南华早报》发表文章认为，当前美国对中国日益恐惧，许多人猜想美国可能正在陷入一场新的与中国的冷战。他认为这是不必要的做法，并且指出问题的根源在于美国认识中国和世界的冷战思维方式："并不是说两国之间没有真正的对抗，也不是认为美国应承担所有指责。但是美国给这一关系贴上冷战标签，把中国描述成企图不择手段篡夺美国世界地位的最大威胁，这只会加剧紧张气氛，增添发生冲突的可能性。……这种日益盛行的冷战心态是危险的。它不仅会导致政治迫害和中国问题专家明哲保身，从而使能够制定合理对华政策的专家人数减少还会限制我们思考中国问题的方式。如果给中国贴上敌人标签，

_____

① 《警惕美国单边保护主义设下的"冷战陷阱"》，载《人民日报》2018年7月11日第5版。

我们就会看不到他们有别的什么身份。我们以零和方式考虑世界问题，忽略了合作的好处。我们忽视美中关系的复杂程度以及当今世界的全球化程度。我们不可能像当年对待苏联那样把中国挡在铁幕的后面。两个经济高度紧密相连，而且中国已经在全球体系中扎根。……美国需要改变我们看待中国和国际秩序的方式。"①

第二，美国冷战思维的政策对世界经济造成严重破坏，影响增长的信心以及相关国际规则的稳定。

自美国挑起贸易战以来，美国国内许多专家学者纷纷发声，批评美国政府贸易政策同经济全球化深入发展、各国利益日益交融的时代潮流不相符合，影响全球价值链上的企业和消费者的利益，损害全球多边贸易体制和全球经济复苏进程。②

日本《每日新闻》在 2018 年 7 月 8 日发表社论认为，美国向中国发动贸易战是第二次世界大战后秩序的重大转折点，已经在全球加剧了混乱。该报认为，中美贸易战与日美贸易摩擦相比，事态性质要严重得多。因为在安保方面依赖美国的日本，几乎全部接受美国的要求，摩擦只停留在日美之间。但是，中美对

① 《美对华"冷战心态"盛行很危险》，载《参考消息》2018 年 8 月 1 日。

② 胡泽曦：《挑起贸易战有损全球共同利益：美国国内专家学者批评美政府贸易政策》，载《人民日报》2018 年 8 月 13 日第 3 版。

立恐怕会陷入长期化。而且因为中美的经济规模占到全球经济的近四成，中美贸易战将会直接打击世界经济。如果保护主义在各国接连发生，自由贸易体制将在根本上受到动摇。如果世界经济恶化，保护主义不断扩大，全球经济很可能陷入进一步转冷的恶性循环。①

2018 年 7 月中旬，国际货币基金组织（IMF）发布了一份监测报告，认为美国的关税战对中国经济的影响有限，但是会对全球经济造成严重影响。IMF 的这份报告认为，美国总统特朗普根据美国优先议程对进口自中国的商品征收重税的措施对中国经济的影响有限。其中对 500 亿美元中国进口商品征收 25% 的关税，将只占中国国内生产总值的 0.4%。此外即使是白宫威胁对另外 2000 亿美元中国商品加征关税，也将只占到中国国内生产总值的 1.7%。同时，该报告发出警告，"贸易行动不断升级和持续的可能性增大，对全球增长构成了严重的不利影响"。这份报告预测了有关全球经济的四种假想情景。如果目前宣布的所有关税都生效，到 2020 年全球产出将减少 0.1%。如果全球信心受到这些关税的动摇，全球产值可能会下降 0.5%，

---

① 《日报社论：美发动贸易战冲击战后经济秩序》，载《参考消息》2018 年 7 月 10 日。

大约 4300 亿美元。这样的结果将严重影响全球经济增长。[①]

据美国《华尔街日报》网站 2018 年 8 月 25 日报道，国际清算银行（BIS）负责人阿古斯丁·卡斯滕斯（Agustin Carstens）8 月 25 日在对包括美联储高级官员在内的全球央行行长们发表讲话时，把矛头指向美国总统特朗普的贸易政策，将其作为可能推高美国和全世界通货膨胀和失业率的措施的一个例子。卡斯滕斯表示，全球化倒退和保护主义抬头将破坏世界各地几十年来的经济进步。他说："自相矛盾的是，在美国经济开足马力前进的时候，美国却开始设置路障。""但是从长远来看，保护主义不会带来收益，只会带来痛苦。不仅对美国如此，对我们所有人都是如此。"[②]

国际货币基金组织（IMF）总裁克里斯蒂娜·拉加德（Christine Lagarde）在 2018 年 9 月也表示，世界经济增长正因为中美贸易战而陷入巨大风险之中，"全球形势正变得愈加黯淡"，IMF 将会下调其对全球经济增长的预测。拉加德表示，"风险很高，因为全球价值链的断裂可能会对包括发达国家在内的很多国家产生

---

① IMF, "World Economic Outlook Update", July 2018, http://www.imf.org/en/Publications/WEO/Issues/2018/07/02/world-economic-outlook-update-july-2018.

② 《BIS 负责人谴责美国贸易政策》，载《参考消息》2018 年 8 月 27 日。

毁灭性的影响。它还可能阻止新兴国家和低收入国家充分发挥潜力"。拉加德因此呼吁各国"降级并解决当前的贸易争端"并"建立一个更强大、更公平且适合未来的全球贸易体系",并重建对传统机构的信心。①

再次,美国以冷战思维制定政策,将会对美国领导建立的自由主义国际秩序造成颠覆性影响。

纳瓦罗建议把征收高额关税作为纠正中美经贸失衡的手段,这被普遍认为是非常错误和危险的做法。从历史上看,贸易保护主义是引发国际冲突的重要原因。美国在第二次世界大战后领导建立的国际秩序正是吸取了相关的历史教训。当时担任美国国务卿的柯德尔·赫尔(Cordell Hull)是为建立战后自由贸易体制构想作出贡献的一个重要人物,他在回忆录里对战前美国的保护主义进行反省时说:"高额关税没有为我们带来繁荣,带来的是其他国家的仇恨。"他认为,为保卫大萧条后的美国经济而实施的高额关税和限制海外产品之举,导致与各国矛盾激化,进而导致世界大战爆发。

当前,美国政府采取的一系列对外政策都对国际秩序造成了巨大的破坏性影响。特朗普政府强调"美

---

① 《国际货币基金组织总裁拉加德警告:贸易争端将全球经济推向险境》,载《参考消息》2018 年 10 月 3 日。

国优先"，拒绝多边主义和经济全球化，阻碍甚至退出多个国际组织，导致外部世界对于美国经济和政治模式合法性产生了严重的质疑。特别是特朗普政府公开宣扬要以实力谋取利益，重拾"权力政治"的逻辑。各国追求权力最大化，这将会给全球带来更大混乱。预计地区冲突加剧，世界局势更加动荡不安。目前全球军费开支持续上升的趋势已经非常明显，据统计，在2016年时就已经重新回到1990年的水平。2018年6月8日，欧洲理事会主席图斯克在公开发言时表示：基于规则的国际体制正在受到威胁；令人吃惊的是，造成威胁的正是构筑这一体制又一直以来保护这一体制的美国。

当今的国际体系与冷战时期存在根本上的不同，国际多极化格局更加明显，美国不再是西方世界毋庸置疑的领导者。特别是在特朗普宣布取消伊朗核协议和退出《巴黎气候协定》甚至要退出北约之后，跨大西洋关系出现明显裂缝。欧洲主要大国开始意识到不再有理由从属和依赖于美国。欧洲意识到，不再存在类似"苏联的威胁"，而且需要为这种依赖性付出的代价过于高昂。德国外长在2018年8月发表文章提出："早就应该重新评估跨大西洋伙伴关系了，带着清醒、批判甚至自我批判的眼光。作为计划，我们提出平衡伙伴关系的思想……当美国越过红线时，我们欧洲人应当对其形成制衡……德法及其他欧洲国家唯有在独立自主的强大欧洲内部通力合作，才能与美国达成平衡。"法国总统马克龙的主张更为明确："欧洲不能再把自身安全寄托于美国。今天，我们应当负起保障欧洲安全与主权的责任……北约今天仍很重要，但需要重新看待构成其基础的平衡或冷战遗产……欧洲给出的有力回答是：我们的战略自主性……应当建立起这种自主性。"因此，美国的政策可能导致西方国家的内部秩序发生巨大的变化。

最后，如果美国试图把中国当成另一个苏联以发动冷战，也将对美国自身造成极其危险的伤害。

当前，中美两国作为世界前两大经济体，已经高度融合，仅仅从全球供应链的角度来看两国经济很难分开。考虑到全球供应链的广度、复杂度以及依存度，美国和中国要降低经济的依存度非常缓慢，而且会给美国带来严重的安全风险。美国前助理国务卿坎贝尔也认为，美中分开可能会给中美两国经济以及全球经济带来负面影响。他说，未来竞争将是中美关系的主要形式，但是这并不意味着两国不可以合作。两国应该做的是对目前的关系做出调整，学会相处。①

特朗普政府的政策非但不能吸引其盟友共同发动

---

① 《外媒评述：美国要与中国"分手"不容易》，载《参考消息》2018年10月5日。

冷战，相反其一系列经济民族主义政策将会加剧其盟友"反美国"和"反美元"的行动决心。欧盟委员会主席容克在欧洲议会上发表年度盟情咨文时，做出了划时代的声明："我们应当为使我们唯一的货币在国际上发挥充分作用做更多事。欧洲每年进口价值3000亿欧元的能源，其中只有2%来源于美国，但欧盟却用美元支付其中的80%，这是荒谬的。欧洲公司在购买欧洲飞机时以美元而非欧元结算，这也是荒谬的。"

　　美元的特权地位是美国数十年来保持经济繁荣和维持高额军事支出的重要原因。自20世纪70年代以来，保持和扩大全世界对美元的需求、防止出现拒绝用美元来支付的力量中心，是美国外交政策的重要出发点和落脚点。2018年8月，欧盟委员会正在建立一个替代美国控制的"环球同业银行金融电信协会"（SWIFT）的国际支付结算体系，以摆脱美国对伊朗的制裁政策的束缚。尽管去美元化是一个漫长而复杂的过程，但是一旦这一进程启动，将给美国带来难以想象的灾难。

第三章　纳瓦罗有关中国贸易逆差的谬论及其危害

　　近期，由美国单方面挑起的中美贸易摩擦愈演愈烈。2018 年 6 月 15 日，特朗普政府宣布对来自中国的 1102 种、价值约 500 亿美元的商品征收 25% 关税（涉及航空航天、机器人技术和新能源汽车等高科技领域），其中 340 亿美元已于 2018 年 7 月 6 日正式生效，160 亿美元于 8 月 23 日正式生效。在美国总统特朗普、白宫国家贸易委员会主席纳瓦罗、美国贸易代表莱特希泽等所谓"超级精英"或对华鹰派人士的推波助澜之下，中美贸易摩擦已由单纯的贸易失衡问题上升为两个大国之间的战略竞争问题。作为此次美国对华贸易战的"政策之源"，纳瓦罗的《致命中国》一书更是将中美贸易逆差视为美国经济问题的根源，并将美国制造业的衰退、失业率的增加甚至美国经济增速的放缓也归咎于中美贸易逆差。作为此次中美贸易战的始作俑者之一，纳瓦罗有关中美贸易逆差的谬论不仅缺乏经济学基本常识，其对中国的一系列指责也充满了臆想、偏见和无知，对以世界贸易组织（WTO）为核心的全球自由贸易体系和以价值链贸易为核心的国际产业分工体系也会形成巨大冲击。

一　美国自身才是其与中国贸易逆差的根源

在《致命中国》一书中，纳瓦罗无视经济学基本常识，坚称与中国的贸易逆差延缓了美国经济增速，而美国经济增长速度的放缓减少了美国创造就业的机会。

不过，在将美国经济增速放缓和失业率的增加归咎于与中国的贸易逆差之前，纳瓦罗首先需要明白的一点是，中美贸易逆差的根源在于美元的国际储备货币地位、美国储蓄率过低或消费过度、政府财政赤字过高，是现行国际分工体系和全球产业链布局的必然结果。

首先，美国贸易失衡是现行国际经济秩序和美元霸权地位的必然结果，中国并非美国巨额贸易逆差的唯一来源。自1945年《布雷顿森林协议》签署以来，以国际货币基金组织（IMF）、世界银行（国际复兴开发银行）和WTO（GATT）为框架的全球经贸规则与规范一起构成了现行国际经济秩序的基础。作为现行国际规则和全球治理机制的最大受益者，美国始终引领和主导着全球经贸规则与规范的制定。正是美元在国际货币体系中的霸权地位决定了美国可以不受限制地向全世界举债，可以通过毫无节制地印刷美元的方式来换取其他国家的商品或资源并改善国际收支状况，可以坐收巨额铸币税（这正是第二次世界大战后美国虽然经历了数十年的高额财政赤字却依然能保持经济状况稳定的主要原因）；也是美元在国际货币体系中的霸权地位决定了美国必须要保持较大贸易逆差才能维持美元的国际支付货币地位。[①] 美国商务部经济分析局（BEA）和联合国贸发会（UNCTAD）的统计数据显示，自 1971 年尼克松政府宣布美元与黄金脱钩以后，除了 1973 年、1975 年略有盈余外，美国在货物贸易领域一直保持巨额逆差，2006 年更是达到峰值的 8372.9亿美元,[②] 涉及 115 个国家或地区;[③] 中国并非美国巨额贸易逆差的唯一来源（见图 3 - 1）。以巨额贸易逆差为由，美国先后对德国、日本和欧盟发起过长达多

---

① 截至 2018 年，全球有超过 65% 的外汇储备是美元，有超过 80种货币的汇率与美元挂钩或固定，外汇市场近 80% 的交易以美元结算。

② 数据来源：美国经济分析局（BEA），https：//apps. bea. gov/iTable/bp_ download_ modern. cfm？pid = 1。

③ 数据来源：全球海关数据库（GTA），https：//www. gtis. com/gta/。

年的贸易战，虽然未达到 20 世纪 30 年代"大萧条"时期以邻为壑的程度，但贸易摩擦始终贯穿于德美、日美经贸关系之中（只是不同时期强度和频率有所不同而已）；贸易摩擦并非中美经贸关系所特有。

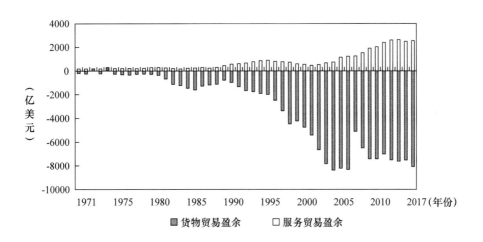

图 3 - 1 美国经常账户收支概况

资料来源：根据美国经济分析局（BEA）统计数据制成。

其次，美国贸易失衡的根源在于美国以消费为主的经济结构的失衡，与中国的贸易逆差是美国消费—储蓄结构失衡或者说是美国国内总需求大于总供给的必然结果。在开放经济体中，一国的国民生产总值是消费、投资（储蓄）、政府采购以及经常项目（净出口）的总和。如果一国经常项目长期出现逆差即净出口长期为负，依据上述开放经济宏观经济恒等式，只能说明该国经济要么储蓄不足，要么消费（含政府支出）过度。美国经济分析局（BEA）的统计数据显示，过去几十年间，美国经济一直呈高消费、低储蓄模式，美国政府更是常年寅吃卯粮，一直处于财政赤字状态（见图3-2）。主要宏观经济指标中，总消费（含政府支出）占美国国内生产总值（GDP）的比例一直维持在80%以上，2009年达到峰值的89.4%。净储蓄占美国GDP的比例也由1960年的10.8%下降至2017年的2.8%；2009年次贷危机期间甚至下降至-2.5%，为第二次世界大战后最低水平。财政赤字累计超过20万亿美元；2009年度财政赤字更是创纪录地达1.9万亿美元，相当于美国当年GDP的13.2%。正是美国自身经济结构的长期失衡、消费与储蓄结构的长期失衡（过高的消费率和过低的储蓄率）决定了美国对外贸易的必然失衡。美国一边享受着其他经济体无法享受的美元霸权收益——通过印刷美元、对外负债融资来支持美国的过度消费，一边本末倒置将自身经济结构的失衡归咎于与中国的贸易失衡，并将中美贸易失衡看作是中国体制政策扭曲的结果，甚至要求中国单方面采取措施解决，[①] 既不客观，亦不可行。

再次，美国与中国的贸易逆差是由现行国际分工体系、中美贸易结构和比较优势共同决定的。受益于经济全球化、生产国际化和全球价值链的不断延伸，

---

① 卢锋、李双双：《美国对华经贸政策转变与两国贸易战风险上升》，《国际经济评论》2018年第3期。

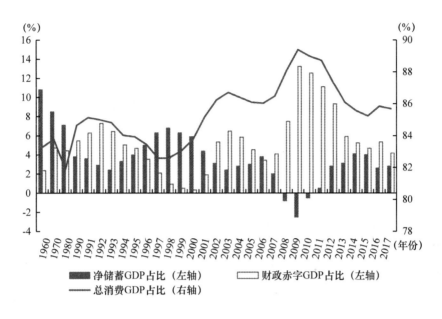

图 3 - 2 美国消费—储蓄结构失衡概况

资料来源：笔者根据美国经济分析局（BEA）相关统计数据制成。

过去几十年，全球贸易规模一直呈持续增长之势。据
联合国贸易和发展会议（UNCTAD）统计，2017 年全
球货物贸易总额达 17.7 万亿美元，是 1950 年 618.1
亿美元的 286 倍，年均增长 8.8%；服务贸易则由
1980 年的 3956.6 亿美元增至 2017 年的 5.35 万亿美
元，年均增长 7.3%。① 伴随着货物贸易和服务贸易的
持续增加，世界主要经济体之间逐步形成了紧密的贸
易联系。期间，中美货物贸易也由 1995 年的 408.32

① 数据来源：联合国贸易和发展会议统计数据库（UNCTAD-
STAT），http：//unctadstat. unctad. org/EN/。

亿美元增至 2017 年的 5814.44 亿美元，年均增长
12.8%；服务贸易则由 2003 年的 101.35 亿美元增至
2017 年的 750.47 亿美元，年均增长 15.4%。中美互
为重要贸易伙伴，逐步形成了优势互补的贸易格局
（见表 3 - 1）。① 美国对中国的出口主要以运输设备、
机电产品、植物产品、化工产品等技术资本密集型产
品和大宗商品为主；中国对美国的出口则以机电产品、
家具玩具、纺织品等劳动密集型产品为主，且加工贸
易占比高达 44.8%。②

表 3 - 1   中美贸易结构（2017 年）

美国自中国进口			美国对中国出口		
海关分类	商品分类	占比（%）	海关分类	商品分类	占比（%）
第 16 类	机电产品	50.8	第 17 类	运输设备	22.6
第 20 类	家具、玩具、杂项制品	12.0	第 16 类	机电产品	19.2
第 11 类	纺织品	7.7	第 2 类	植物产品	11.5
第 15 类	贱金属及其制品	5.0	第 6 类	化工产品	8.6
第 7 类	塑料、橡胶	3.9	第 5 类	矿产品	7.7
第 12 类	鞋靴、伞等轻工产品	3.6	第 18 类	光学、钟表、医疗设备	6.8
第 17 类	运输设备	3.1	第 7 类	塑料、橡胶	4.9
第 6 类	化工产品	3.0	第 15 类	贱金属及制品	4.6

① 数据来源：全球海关数据库（GTA），https：//www. gtis. com/
gta/。

② 数据来源：中国科学院数学与系统科学研究院全球价值链课题
组：《中美贸易顺差/美中贸易逆差的实质》，2018 年 3 月，http：//ima-
ges. mofcom. gov. cn/www/201804/20180411152735968. pdf。

续表

	美国自中国进口			美国对中国出口	
第18类	光学、钟表、医疗设备	2.6	第10类	纤维素浆；纸张	3.3
第8类	皮革制品；箱包	1.5	第9类	木及制品	2.5
合计		93.2	合计		91.7

资料来源：笔者根据美国商务部相关统计数据计算制成。

从行业/部门层面来看，美国与中国的贸易逆差主要集中在电子、机械、家具灯具、玩具、纺织服装等领域；与中国的贸易顺差则主要集中在航空航天、农产品和矿物燃料等领域（见图3-3）。美国在技术资本密集型产品和服务贸易领域保持顺差，中国在劳动密集型产品方面保持顺差，中美贸易失衡正是中美各自比较优势和在全球价值链中不同分工地位的真实反映。从比较优势来看，中国拥有丰富的劳动力资源，拥有完善的制造业供应链和配套优势，拥有良好的基础设施和后发优势；美国拥有全球领先的科技优势和先发优势，服务业高度发达，2017年，美国服务业产值占GDP的比重高达80.2%，高于中国的52.2%，[①]双方资源禀赋各异但优势互补；从国际分工来看，美国居于全球价值链的中高端，中国居于中低端；中国在货物贸易领域和劳动密集型产品对美保持顺差，美

---

① 数据来源：Central Intelligence Agency（CIA），The World Factbook，https：//www.cia.gov/library/publications/the-world-factbook/fields/2012.html。

国在服务贸易领域和技术资本密集型产品对中国保持顺差，这是经济全球化、生产国际化和跨国公司（包括美国跨国公司）全球资源配置的必然结果。

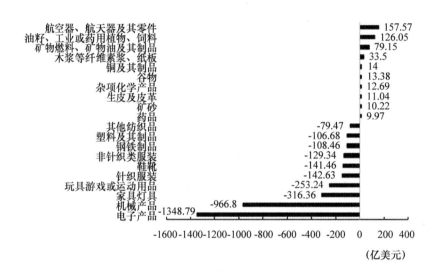

图 3－3　2017 年美国分行业对中国贸易差额

资料来源：笔者根据全球海关数据库（GTA）相关数据制成。

最后，以中间品为主的价值链贸易和统计口径的差异放大了美国与中国的贸易逆差，美国对中国的出口管制也加剧了双边贸易不平衡。从统计差异来看，按照美方统计，2017 年，美国对华货物贸易逆差3759.13 亿美元；按照中方统计，这一数据则为2821.22 亿美元；二者相差 937.91 亿美元（见图 3－4）。造成中美贸易逆差统计差异的原因有许多，其中转口贸易、价值链贸易和服务贸易是三个不容忽视的因素。由于中美双方在统计货物贸易进口时均依据"原产地规则"将转口贸易计算在内，但在统计出口时并未将转口贸易计算在内，如果不将转口因素尤其是经中国香港的转口贸易（2017 年达 3510 亿美元）纳入考虑，必然会在技术上、统计上放大美国对中国的货物贸易逆差。①

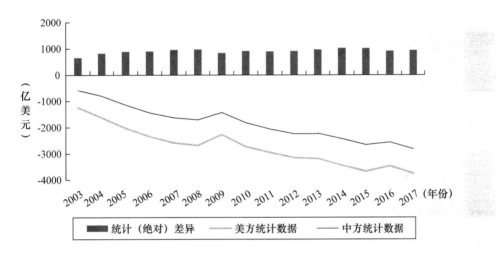

图 3 - 4　美国与中国货物贸易逆差统计差异情况

资料来源：笔者依据美国经济分析局和中国海关相关统计数据制成。

不仅如此，在经济全球化、生产国际化和服务外

---

① Research Office Legislative Council Secretariat，"Trade Conflict Between China and the United States and Its Impact on Hong Kong's Economy"，https：//www. legco. gov. hk/research-publications/english/1718in14-trade-conflict-between-china-and-the-united-states-and-its-impact-on-hong-kongs-economy-20180717-e. pdf；隆国强、王伶俐：《对中美贸易失衡及其就业影响的测度与分析》，《国际贸易》2018 年第 5 期。

包不断增加的背景下，如果不考虑中间品贸易、价值增值和转移价值等诸多因素，仅以双边贸易总值口径来测算美国对中国的贸易逆差，不仅会严重高估，还会统计上严重失真不具决策参考价值。据中国全球价值链课题组报告，2016 年，美国对中国出口的本地增值率为 81.4%，而中国对美国出口的本地增值率只有 64.6%。[①] 换言之，若以中国海关统计数据为基准，在 2016 年中国对美出口的 3886.17 亿美元中，中国的本地增加值只有 2510.47 亿美元，另有 1375.7 亿美元为来自第三国（如日本、韩国等东亚区域生产网络国家）或美国的转移价值；而在美国对中国出口的 1323.94 亿美元中，则有 1077.69 亿美元为美国本地增加值；以增加值核算的中美贸易顺差/美中货物贸易逆差只有 1432.78 亿美元，远低于美方总值口径下的 3472.7 亿美元。即便以美国商务部经济分析局的贸易数据为基准，以增加值为口径的美中贸易逆差也只有 2048.58 亿美元，比总值口径下的 3472.7 亿美元少 1424.12 亿美元，比总值口径下降了 69.5%。[②]

---

① 中国全球价值链课题组：《2010—2016 年中美贸易增加值核算报告》，2017 年 6 月，http：//gvc. mofcom. gov. cn/Tjbh/inforimages/2017 07/20170710144139979. pdf。

② 以增加值为口径，经合组织（OECD）和世界贸易组织（WTO）的测算结果也显示，美国与中国的贸易逆差比美国官方数字少 35%—40%。

此外，由于美方多年来一直只强调货物贸易逆差而不提服务贸易顺差，美方的选择性行为不仅夸大了中美贸易失衡程度，也掩盖了中国是美国的第二大服务出口市场、美国对中国长期保持服务贸易顺差的事实。据美国经济分析局（BEA）统计，2017 年美国对华货物贸易逆差 3759.13 亿美元，对华服务贸易顺差 402.09 亿美元（见图 3-5）。如果将服务贸易纳入统计，2017 年美国对中国的贸易逆差至少会减少 402.09 亿美元。若将美国附属机构在中国的销售收入和美国在中国香港地区的分支机构对内地的服务出口也统计在内，美国对中国的服务贸易顺差保守估计也会增加 600 亿美元达 1000 亿美元以上，[①] 美国对中国的贸易逆差则会相应地减少 1000 亿美元以上。

除了美国对中国的服务贸易顺差、美国附属机构在中国的销售收入被美方刻意忽视或掩盖以外，中国货物贸易顺差的 59% 来自外资企业（包括美国在华企业）、61% 来自加工贸易这一客观事实在美方统计中也没有得到很好地体现。[②] 据中国国家统计局统计，截

---

① 据美国 FATS 统计，2014 年美国附属机构在华销售收入达 549.2 亿美元，中国在美服务机构销售收入为 48.3 亿美元，二者相差（相当于美国顺差）500.9 亿美元。

② 数据来源：中国商务部《关于中美经贸关系的研究报告》，2017 年 5 月 25 日，http：//images. mofcom. gov. cn/www/ 201708/ 20170822160324457. pdf。

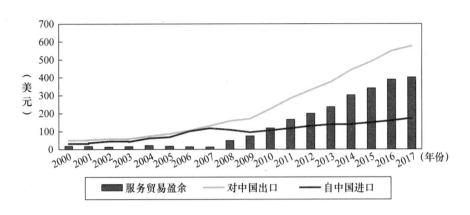

图 3 - 5　美国对中国服务贸易顺差概况

资料来源：笔者根据美国经济分析局（BEA）相关数据制成。

至 2016 年年末，在华外商投资企业达 50.5 万家，其中美国累计在华投资设立外商投资企业 6.7 万家；包括美资企业在内的外商投资企业占中国货物贸易总额的比重自 2000 年以来一直保持在 45% 以上，而在对美出口上，外资企业至今仍然占据近 55% 的出口额（见图 3 - 6）。[①] 而据美国经济分析局统计，2015 年美国附属机构在华销售额为 4814 亿美元，比中资企业在美 256 亿美元的销售额高出 4558 亿美元，但在美方统计的贸易逆差数据中这一销售差额（相当于美方顺差）并没有得到很好的体现，中国对美出口中包含着大量美国

---

① 数据来源：中国商务部《关于中美经贸关系的研究报告》，2017 年 5 月 25 日，http://images.mofcom.gov.cn/www/201708/20170822160324457.pdf。

在华企业出口商品这一事实也没有得到真实反映。[①] 总体而言，如果把统计口径、转口贸易、服务贸易等因素纳入考虑，中美贸易顺差/美中贸易逆差实际上只有美方公布的1/3；如果把美国在华企业的销售因素也计算在内，这一数据会更低。

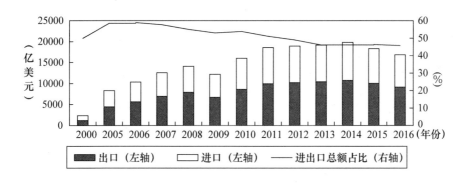

图3-6　在华外商投资企业货物贸易概况

资料来源：笔者根据中国国家统计局相关统计数据制成。

需要强调一点的是，中美贸易失衡除了上述结构性因素外，美国长期对华高科技产品实施出口管制也是造成美国与中国贸易逆差一个不可忽视的原因。按照美方统计，2017年美国高科技产品对华贸易逆差达1354亿美元，约占美国对华货物贸易逆差的36%，主要集中在生物技术、生命科学、光电、信息及通信等

①　有数据显示，在被美国加征关税的500亿美元中国出口产品中，73%是供美国企业使用的中间品和资本品，70%是由在华外资企业生产的。参见余永定《贸易冲突或成常态 中国如何应对？》，财新网，2018年7月16日，http://opinion.caixin.com/2018-07-16/101303775.html。

高科技领域；而这些领域恰恰也是美国对华出口管制的重点领域，与美国商务部公布的对华高新技术出口管制清单高度重合，涉及航空器及航空发动机、惯性制导系统、激光、碳纤维、光感纤维、贫化铀、水下摄像机及推进系统、先进复合材料以及高科技通信器材等20类产品。[1] 美国长期对华高科技产品出口实行限制政策，不仅削弱了美国产品在中国市场的竞争力，[2] 还导致对华高科技产品出口长期保持大幅逆差，加剧了中美贸易失衡。一言以蔽之，美国与中国的贸易逆差是现行国际分工体系、美元霸权地位和美国自身经济结构的必然结果，美方应正视贸易逆差产生的深层次根本性原因，而非强求中方单方面进行不对称调整，唯有如此，才能妥善处理中美贸易失衡问题。

二　美国制造业的衰退和失业率的增加与中国无直接关联

在《致命中国》一书中，纳瓦罗还将美国制造业

---

① 有关美国对华出口管制清单具体可参见美国商务部工业安全局公布的 *Commerce Control List Index*，https：//www. bis. doc. gov/index. php/forms-documents/regulations-docs/2237-ccl-index/file。

② 统计显示，美国在中国高技术产品进口市场的比重已从2001年的16.7%下降到2016年的8.2%，在中国高达2270亿美元的芯片进口中，美国产品仅占4%。参见隆国强《理性认识当前的中美贸易摩擦》，《人民日报》2018年8月29日第7版。

的衰退和就业流失归咎于中国的"掠夺性"贸易,妄称因为中国产品对美国市场的冲击,5 万美国工厂关闭,2500 万美国人找不到工作。事实是,美国制造业的衰退和失业率的增加是美国产业结构调整的结果,与中国并无直接关联;与中国的贸易在为美国带来直接经济收益的同时,也为美国创造了大量就业。

第一,美国制造业的衰退和工作岗位的流失是美国科技进步和产业结构调整的结果,而非与中国的贸易逆差所致。从美国经济分析局的统计数据来看,美国制造业增加值占 GDP 的比重从 1954 年起就一直呈持续下降趋势,而金融与房地产和租赁业、专业与商业服务业增加值占美国 GDP 的比重则一直呈上升趋势(见图 3 - 7)。其中,制造业增加值在美国 GDP 中比重已由 1954 年的 26.6% 下降至 2017 年的 11.6% (制造业就业比例),而金融与房地产和租赁业、专业与商业服务业的这一比重则从 1947 年的 10.3% 和 3.3% 上升至 2017 年的 20.9% 和 12.1%。美国制造业增加值占美国 GDP 比重的趋势性下降和服务业的趋势性上升说明美国制造业的衰退是长期性、结构性的。2001 年中国加入 WTO 时,美国制造业的这一比重就已下降至 13.9%,将美国制造业的衰退归咎于与中国的贸易逆差,只能说纳瓦罗要么缺乏经济学基本常识、贻笑大方,要么居心叵测。伴随着美国制造业的持续衰退,美国制造业就业人数占美国就业总人数的比例也已连续 65 年呈下降趋势，从 1953 年的32%下降至 2017 年8.5%。除了结构性因素外，美国制造业岗位的持续流失与美国的科技进步也有着很大关系。印第安纳鲍尔州立大学的一份报告显示，2000—2010 年，美国制造业岗位的流失有 87% 是因为生产自动化和效率的提高。[①] 因此，将美国制造业岗位的趋势性下降也归咎于与中国的贸易，不仅牵强，还很难服众。毕竟，2001年中国加入 WTO 时，美国制造业占美国总就业的比例就已下降至 12%。

第二，与中国的经贸合作为美国带来了巨大的经济收益。在《致命中国》一书中，纳瓦罗妄称中国通过"掠夺性"贸易"窃取"了数百万美国制造业的就业机会。恰恰相反，自 1979 年中美建交以来，美国不仅直接从与中国的贸易和投资中获得了巨大的经济收益，还在经济、就业、产业等方面从与中国的经贸合作中获得了巨大的间接收益。[②] 牛津经济研究院向美中贸易委员会提交的报告显示，2015 年美国自中国进口

---

① 数据来源：CNN Money, "Rise of the Machines: Fear Robots, not China or Mexico", January 30, 2017, https://money.cnn.com/2017/01/30/news/economy/jobs-china-mexico-automation/index.html ; CBER Data Center-Ball Stata University, *Manufacturing & Logistics Report Card*, https://conexus.cberdata.org。

② 中国商务部：《关于中美经贸关系的研究报告》，2017 年 5 月25 日。

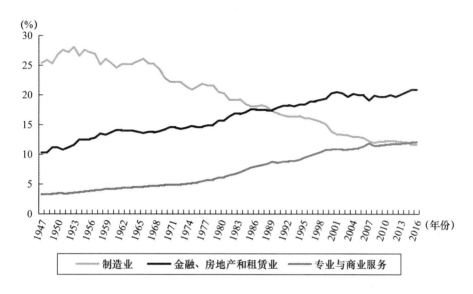

图 3 - 7　美国历年制造业增加值所占 GDP 比重情况

资料来源：笔者根据美国经济分析局相关数据制成。

拉动美国 GDP 增长 0.8 个百分点，对华出口为美国
GDP 贡献了 1650 亿美元；对华出口和双向投资为美
GDP 贡献了 2160 亿美元。① 不仅如此，来自中国的商
品还提高了美国民众尤其是中低收入群体的实际购买
力，有助于美国维持较低的通胀率。同样是美中贸易
委员会的报告显示，2015 年，来自中国的商品平均为
每个美国家庭节省 850 美元开支，让美国的消费物价
水平降低了 1%—1.5%。除此之外，与中国的贸易和双

---

① The US-China Business Council（USCBC），*Understanding the US-China Trade Relationship*，January 2017，https：//www. uschina. org/sites/default/files/Oxford% 20Economics% 20US% 20Jobs% 20and% 20China% 20Trade% 20Report. pdf.

向投资还为美国创造了大量的就业岗位。据美国商务部数据，2015 年美国对中国出口合计创造就业 91.1 万人，其中货物贸易出口创造直接就业 60.1 万人，服务贸易出口（BOP）带动就业 30.9 万人。[①] 牛津经济研究院基于全球价值链的测算则显示，2015 年美国对中国的出口为美国创造了 176.3 万个就业机会；对华出口和双向投资为美国创造了 255.5 万个就业机会。[②]

第三，贸易战没有赢家。在《致命中国》一书中，纳瓦罗主张对来自中国的商品征收 43% 的惩罚性关税，声称减弱中美贸易失衡是解决美国结构性失衡问题的法宝。纳瓦罗还自信满满地宣称贸易战会让中国损失更多，以美国的强大实力很容易打赢这场贸易战。纳瓦罗或许忘记了，贸易战是一把双刃剑，从来就没有赢家。美国世界贸易咨询公司公布的一项研究显示，钢铝关税将令美国钢铁和铝业增加约 3.3 万个就业岗位，但同时将导致依赖进口钢铝产品的其他行业损失约 17.9 万个工作岗位，净损失约 14.6 万个工作岗

---

① USTR, U. S. -China Trade Facts, https：//ustr. gov/countries-regions/china-mongolia-taiwan/peoples-republic-china.

② The US-China Business Council（USCBC）, *Understanding the US-China Trade Relationship*, January 2017, https：//www. uschina. org/sites/default/files/Oxford% 20Economics% 20US% 20Jobs% 20and% 20China% 20Trade% 20Report. pdf.

位。① 美国智库布鲁金斯学会发布的研究报告则显示，如果中美贸易战持续升级，全球关税增加 10% 的话，大多数经济体的 GDP 将减少 1%—4.5%，其中美国 GDP 将损失 1.3%；如果全球关税增加 40%，全球经济将重现 20 世纪 30 年代的大萧条。② 国际货币基金组织（IMF）在最新一期《世界经济展望》报告中也警告称，贸易摩擦已经成为世界经济增长面临的最大威胁之一。

三　"强制技术转让"违背客观事实

在《致命中国》一书中，纳瓦罗还将贸易与技术转让和知识产权挂钩，煞有介事地提出要通过阻止美国企业到中国投资、禁止中国强迫美国企业转让核心技术来解决中美贸易失衡的问题。依据纳瓦罗的"剧本"，2018 年 3 月 22 日，美国贸易代表办公室在其发布的对华"301 调查"报告中大量使用"据报道""利益相关方认为"等模糊之词，妄称"有大量证据证明"中国通过合资、股比限制和其他外商投资限制

---

① 新华社：《美国加征钢铝税恐引发更多反应》，2018 年 3 月 7 日，http：//www. xinhuanet. com/world/2018—03/07/c_ 1122502856. htm。

② Warwick J. McKibbin, "How Counties Could Respond to President Trump's Trade War", March 5, 2018, https：//www. brookings. edu/opinions/how-countries-could-respond-to-president-trumps-trade-war/。

强制或迫使美国企业转让技术。6月15日，特朗普政府依据上述单方认定结果，宣布对来自中国的1102种、价值约500亿美元的商品征收25%关税，涉及航空航天、机器人技术和新能源汽车等高科技领域。6月19日，美国白宫贸易与制造业政策办公室发布《中国的经济侵略威胁美国及世界的技术和知识产权》报告，指责中国采取六类"经济侵略"措施对美国的经济与国家安全造成损害，威胁全球经济和全球创新体系。6月26日，美国众议院通过了一项旨在加强美国外国投资委员会（CFIUS）的法案，拟进一步加大对中国对美投资的审查力度。8月1日，美国商务部工业安全局（BIS）以国家安全和外交利益为由将44家中国企业列入出口管制实体清单。8月3日，美国参议院通过了《外国投资风险评估现代化法案》，进一步强化了美国外国投资委员会"以国家安全为由"对关键技术领域外国投资的审查权限。

至此，以纳瓦罗的《致命中国》为剧本，由美国单方面发起的中美贸易摩擦逐步从单纯的贸易失衡问题升级，延伸至技术、投资和知识产权领域。美国的真实意图也已非常明显，目标之一就是要通过技术封锁将中国继续锁定在全球价值链的底端，继续维护美国在全球政治经济中心的持续中心地位。美国的一系列单边行为，尤其是对中国"强制技术转让"的指责，不仅违背客观事实，违反国际规则，还严重威胁到以世界贸易组织为核心的全球自由贸易体系。

首先，技术转让是正常的商业行为，符合国际规则或国际惯例，不能把正常的商业行为等同于一国政府的强制行为。将美国在华企业基于国际规则或国际惯例的正常商业行为单方面界定为中国政府的强制行为，既无事实根据又有失公允。恰恰相反，自1978年改革开放尤其是2001年中国加入世界贸易组织以来，中国丰富的劳动力资源、稳定的社会环境和良好的激励机制为美国在华独资、合资企业带来巨大收益的同时，也为美国跨国公司在全球层面实现资源、资本的有序配置和产业链、价值链在中国的延伸创造了条件。美方无视中国市场为美国企业带来的巨大收益、无视2002年以来中国经济对全球经济增长年均30%的贡献率，妄称中国强制美国企业技术转让，既不符合经济规律，又缺乏对商业伦理、美国在华企业的社会责任和中国合作伙伴的最起码的尊重。

其次，"技术转让"与"市场准入"是截然不同的两个概念，中国作为世贸组织成员有权依据世贸组织承诺对市场准入做出保留。正如中国常驻世贸组织代表张向晨大使所言，"美方指责中国的合资合作要求、股比限制和行政审批程序，实质是针对中国的市

场准入制度，与'强制技术转让'并无关系"。① 即便
在市场准入方面，中国早在 2010 年就已全部履行完毕
世贸组织降税承诺（加权平均关税已降至 2015 年的
4.4%，接近美国的 2.4% 和欧盟的 3.0%），已按世贸
组织承诺开放 100 个服务业部门；最新公布的 2018 年
版《外商投资准入特别管理措施（负面清单）》更是
将外资限制措施减少到 48 条，并取消了银行业、专用
车、新能源汽车等 22 个领域的外资股比限制、合资合
作限制或中方控股限制。② 据联合国贸发会议和中国商
务部统计，截至 2016 年年底，中国累计使用外商直接
投资 1.35 万亿美元（约占全球外商直接投资总量的
5.1%），③ 涉及 86.45 万家外商独资、中外合资合作企
业和外商投资股份制企业（分别占中国累计使用外商
直接投资总额的 61.5%、30.9% 和 1.5%），④ 稳居全
球最佳投资目的地前列（仅次于美国）。事实证明，
中国既不存在低于世贸组织承诺的市场准入问题，更

---

① 《中国驻世贸组织代表：知识产权不应成为贸易保护主义工具》，
《经济日报》，2018 年 5 月 29 日，http：//www.ce.cn/xwzx/gnsz/gdxw/
201805/29/t20180529_ 29276395. shtml。

② 中华人民共和国商务部：《外商投资准入特别管理措施（负面清
单）（2018 年版）》，2018 年 6 月 28 日，http：//images. mofcom. gov. cn/
wzs/201806/20180628220738627. pdf。

③ 数据来源：联合国贸易和发展会议（UNCTAD）数据库，ht-
tp：//unctadstat. unctad. org/EN/。

④ 数据来源：商务部《中国外商投资报告（2017）》，http：//ima-
ges. mofcom. gov. cn/wzs/201804/20180416161221341. pdf。

不存在所谓以技术转让为市场准入条件的问题。

再次，中国对外直接投资符合主流国际资本移动的理论预期，不存在"有组织、有计划、在美国获取高科技技术"的战略，更不存在什么"经济侵略"。据中国商务部统计，截至 2016 年年末，中国对外直接投资累计达 1.36 万亿美元，主要分布在租赁和商务服务业、金融业、批发和零售业、采矿业和制造业。① 就其区位分布来看，中国对外直接投资总体上也倾向于那些市场规模大、要素成本低、资源充裕的国家和地区，与西方发达国家包括美国跨国企业的海外投资行为并无二致。另据美国企业研究所统计，2005—2016年中国企业在美国的 234 项直接投资中，只有 17 项涉及高技术产业，仅占中国对美直接投资项目总数的 7.3％，美方对中国在美直接投资行为的无端指责既不客观也不公正。②

最后，中国的先进制造技术与在高科技领域的技术进步是自主创新的结果，所谓"中国通过不公正手段获取美国技术"，是对历史和现实的严重歪曲。据世界银行报告，2015 年中国研发（R&D）支出占 GDP

---

① 数据来源：商务部、国家统计局、国家外汇管理局《2016 年度中国对外直接投资统计公报》，http：//images. mofcom. gov. cn/fec/201711/20171114083528539. pdf。

② 数据来源：AEI, China Global Investment Tracker, http：//www. aei. org/china- global-investment-tracker/。

的比重达 2.07%，虽然低于日本的 3.28%、德国的
2.88% 和美国的 2.79%，但中国 2285.5 亿美元的科研
投入绝对要明显高于日本的 1443.15 亿美元和德国的
971.33 亿美元，仅低于美国的 5062.66 亿美元（见图
3-8）。正是中国良好的基础教育、庞大的科研投入、
完善的产业体系和中国人民的智慧、勤奋，为中国的
科技进步和技术创新提供了源源不断的内在动力。

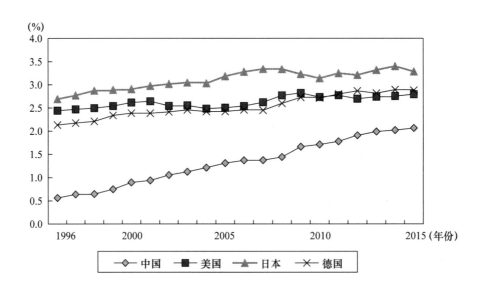

图 3-8 主要经济体 R&D 支出 GDP 占比情况

资料来源：笔者根据世界银行数据库相关数据制成。

四 中国始终是全球自由贸易体系的坚定维护者

自 1978 年改革开放以来，中国始终坚持对外开放
基本国策、始终奉行互利共赢的开放战略，走出了一

条适合中国国情的发展道路，在实现自身发展的同时也为世界带来了更多发展机遇。40 年来，从"摸着石头过河"到"顶层设计"，从经济特区到自由贸易试验区、自由贸易港区，从加入 WTO 到加入 SDR，从"一带一路"倡议到人类命运共同体，中国走出了一条在改革中前进、在开放中谋求共同发展的道路。以经济特区为"试验田"，中国逐步建立起了公平开放、竞争有序的现代市场体系。以"入世"（加入 WTO）为契机，中国逐步形成了符合多边贸易规则的对外贸易制度，逐步构建起了面向世界的全方位开放新格局。以自贸试验区和自由贸易港区试点内容为主体，中国正在逐步建立起以准入前国民待遇加负面清单为核心的外商投资管理模式，逐步形成与国际通行规则相衔接的基本制度体系和监管模式。正如习近平主席所言，中国改革开放的进程是一个探索前行的进程，是一个真抓实干的进程，是一个共同富裕的进程，也是一个中国走向世界、世界走向中国的进程。[1]

自 2002 年加入 WTO 以来，中国一直致力于维护 WTO 在全球自由贸易体系和多边贸易规则与规范中的核心地位。中国深信，继续以开放自信的心态参与和

---

[1]《中国发展新起点　全球增长新蓝图——在二十国集团工商峰会开幕式上的主旨演讲》，2016 年 9 月 3 日，http：//www. xinhuanet. com/world/2016 - 09/03/c_ 129268346. htm。

发展一个以规则治理、以制度为基础的全球自由贸易投资体系符合世界各国的长久利益。中国在积极推动WTO多哈回合谈判进程的同时，还与包括东盟、智利、瑞士、新西兰、韩国、澳大利亚等22个国家或地区达成14个自由贸易协定，正在谈判的有9个自贸协定（包括RCEP和中日韩自贸区）。① 以周边为基础，中国已经逐步构筑起辐射"一带一路"、面向全球的高水平的自由贸易区网络。自贸区框架下的贸易自由化、投资便利化和区域经济一体化措施不仅会对中国与相关国家间价值链的延伸、地区统一市场的构建起到积极的促进作用，还会为中国与世界各国共同参与全球规则治理、提高制度性话语权奠定新的基础。

自1972年恢复联合国合法席位以来，中国一直致力于推动国际秩序朝更加公正、合理、包容和可持续方向发展。从和平共处五项原则到共同构建人类命运共同体，中国一直是全球治理的参与者、推动者和践行者。在中国的倡议和推动下，2014年APEC北京峰会正式通过了《APEC推动实现亚太自贸区北京路线图》，首次对亚太自贸区的可行性、成立的途径与方式以及一体化路线图、时间表、工作原则和具体动议与措施等重点问题展开了实质性讨论。以《北京路线图》为起点，亚太区域经济一体化重新回归到APEC

---

① 数据来源：中国自由贸易区服务网，http：//fta. mofcom. gov. cn。

的制度框架下，为亚太地区繁荣与发展带来了新的机遇。在中国的倡议和推动下，2016 年 G20 杭州峰会首次将发展问题置于全球宏观政策框架突出位置，首次制定结构性改革优先领域、指导原则和指标体系，首次制定全球第一个多边投资规则框架，首次把绿色金融议题引入 G20 议程，首次发表 G20 史上第一份关于气候变化问题的主席声明，为 G20 由应对危机向长效治理机制的转型创造了新的条件。不仅如此，作为中国向世界贡献的合作共赢方案，"一带一路"倡议的提出为中国与相关国家进一步扩大互利共赢合作带来了新的契机。

2019 年是中美建交 40 周年。经过 40 年的改革开放，中国已经成为世界第二大经济体（占全球经济总量的比例已由 1978 年的 2.2％ 上升至 2016 年的 14.8％，对全球经济增长的贡献率更是由 1990 年的 2.4％ 上升至 2016 年的 33.2％）；40 年间，中国累计有 7 亿多人口脱贫，13 亿多人生活质量和水平得到大幅度提升。作为全球第一货物贸易大国，中国已经成为全球 120 多个国家或地区的最大贸易伙伴，70 多个国家或地区的最大出口市场；对外贸易的持续发展不仅推动了中国的现代化，还极大地提高了中国与贸易伙伴国的福利水平。中国在坚定遵守世贸组织规则的同时，也在积极参与和维护以世贸组织为核心的全球自由贸易体系。40 年风雨兼程，中美关系虽有曲折，但合作始终占据主导。新一届美国政府无视中国主动扩大对外开放的决心和努力、无视中国的科技进步和对全球经济增长的巨大贡献，在部分对华强硬派的推波助澜下，罔顾事实指责中国"强制技术转让""窃取知识产权和商业秘密"，并以此为由单方面发起对中国的贸易战，不但违背国际规则，而且违背美国在世贸组织的承诺。人无信不立，业无信不兴，国无信则衰。希望美方重信守诺，不要出尔反尔、一意孤行，妥善处理中美贸易失衡问题。

第四章　国外对纳瓦罗及其观点综述

　　纳瓦罗是当今影响美国国策第一人，也是鼓噪中美对抗的马前锋。纳瓦罗试图以陈旧、单一、粗暴、偏激的方式来解决当今复杂的中美经贸关系，其所散布的种种言论甚至不为美国学术界、企业界、政界所认可，也因此获得了"伪经济学家长队中的最新一员""猛批中国的怪人""民粹主义式的贸易保护者""全球经济秩序最危险的人"等头衔。尽管纳瓦罗言论折射出当今美国面临的种种内忧外困，但是其所采取的手段却又不足以从根本上解决问题，也因此，纳瓦罗现象将作为一个短暂的现象，很快从历史舞台中退出。

一　纳瓦罗生平简介与主要作为

（一）生平简介

　　彼得·纳瓦罗 1949 年出生于一个美国平民家庭，

父亲是萨克斯风演奏者，拥有一个小型乐队，经常在全国各地演出。9 岁时父母离异。纳瓦罗跟随母亲生活。

纳瓦罗 1972 年毕业于塔夫茨大学，之后在泰国工作三年，于 1986 年获得哈佛大学经济学博士学位。博士毕业后，先后在加州大学圣地亚哥分校和圣地亚哥大学教书三年，于 1989 年成为加州大学尔湾分校商学院教授，负责经济学和公共政策教学，任教达 20 多年。现今是该校荣誉教授。

纳瓦罗曾于 1992 年以民主党身份第一次尝试竞选圣地亚哥市长。此后，又以独立参选人、共和党等身份四次竞选不同职位，均告失败。纳瓦罗在《圣地亚哥机密》一书中写道："我的公民行动主义是哈佛大学经济学传统和财政保守训练的直接产物。""这种观点植根于经济学中最重要的概念——市场失灵时需要政府干预。"

在特朗普竞选美国总统期间，纳瓦罗结识了特朗普，之后充当其竞选顾问，并向全美选民兜售"中国威胁论"。特朗普当选美国总统后，被任命为总统助理，执掌美国白宫贸易和制造业政策办公室主任。纳瓦罗的使命是"帮助改写从墨西哥到中国再到英国的全球贸易规则，并将美国的制造业和就业机会带回美国"。

纳瓦罗"仇视"所有对美国存在贸易顺差的国家，

即使是同盟国家，纳瓦罗也表现出不友好的姿态。2018 年 7 月 12 日，在接受美国福克斯新闻频道采访时，纳瓦罗公开批评德国利用被"严重低估"的欧元获得贸易上的好处，说"德国是个大麻烦，不止对欧洲是这样，对美国也是一样。而特朗普总统正是那个指出德国这个欧洲皇帝根本没穿衣服的人。"这些言论遭到德国政府及其他欧洲盟友的强烈抗议。在 2018 年 G7 会议期间，针对加拿大总理，他声称"对于任何一位与特朗普总统进行不诚实外交、并在他离开后试图在背后捅他一刀的外国领导人来说，在地狱里都会有一个特殊位置。"

（二）代表作简介

纳瓦罗是散布"中国威胁论"的主要代表人物。最初源自自己的学生毕业后找不到工作，纳瓦罗由此对中国产生恨意，且一直顽固坚持至今。当然，这也"鼓励"了纳瓦罗开始转向对"中国问题"的"研究"，2006 年前后，纳瓦罗先后出版了三部与中国有关的作品，即，《即将到来的中国战争》《致命中国》（后被拍成纪录片）和《卧虎：中国军国主义对世界意味着什么》。

《即将到来的中国战争》《致命中国》等完全展现了纳瓦罗对中国的全方位"污毁"，不断警告美国政府当前实际上与中国正在进行一场"经济战争"。无论从展示的内容，还是最后针对"中国威胁"的"出谋划策"，充分体现了纳瓦罗对中国的无知和存在的阴暗心理。例如，纳瓦罗对他所认为的中国问题，如知识产权、环境污染，以及监狱劳动等进行了肆无忌惮的诋毁。在《致命中国》一书中，他写道："肆无忌惮的中国企业家正在向世界市场倾销各种各样的骨头、致癌、易燃、有毒以及其他致命产品、食品和药品。"纳瓦罗详细列举了"摧毁美国工作机会的八种武器"，并称中国"快速变成全球最厉害的刺客"，将矛头直指中国。《致命中国》一书认为中国在通过5个步骤杀死美国：（1）先搞空你的钱袋：中国通过血汗工厂和压迫劳工拥有的廉价劳动力偷走了美国人的工作；（2）再搞坏你的身体：有毒的中国食品和劣质的中国制造在损害美国人的健康；（3）中国在污染全世界：最终也将污染美国；（4）从体制上搞掉你，用专制取代你伟大光明正确的自由民主；（5）中国的军事扩张威胁美国。

纳瓦罗不仅指责中国，甚至对"亲中国"的美国企业也不放过，指责美国企业高管为自身"狭隘的利益最大化"，而成了中国的同路人。在《致命中国》一书中他写道："事实上，由于他们眼下依靠海外市场维持生计，诸如美国企业圆桌会、全美制造业协会

（NAM），这类所谓的'美国'组织，已从对中国重商主义的坚定批评者，转变为公开的，而且经常是非常积极的亲中国游说团体的一员。"

在《即将到来的中国战争》一书中，针对中国的"战略野心"，纳瓦罗主张对中国采取强硬的态度，并提出如下建议：（1）美国消费者应尽量避免购买中国产的产品；（2）美国人民应当对政府官员施压，让他们知道得"认真"同中国打交道；（3）美国企业应把制造业从中国转移出来，并且对中国生产的产品加强质量管理。

纳瓦罗出任白宫要职后，积极推进将过去书中宣扬的个人层面的反华观点上升为国家层面的战略举措。2018 年 6 月发布的白皮书"中国的经济侵略如何威胁美国和世界的技术及知识产权"就是这种转化的第一个"成果"。白皮书中宣扬的主要观点和政策建议均源自《致命中国》等书，也因此，《致命中国》一书被称为美国发起对华贸易战的"政策之源",[1] 也被视为"白宫处理对华关系的指南手册"。[2]

可以说，纳瓦罗针对中国撰写的三部书为其带来了巨大的"政治收益"。凭借《即将到来的中国战争》

---

① 《国际锐评：想打贸易战的，只有这三个人》，美国中文网，2018 年 7 月 5 日。

② 《美国挑起贸易战的实质是什么?》，欧洲时报（法国），2018 年 8 月 10 日。

一书，纳瓦罗与特朗普结缘。2011 年，特朗普在接受中国媒体采访时说，他最喜欢纳瓦罗那本有着耸动标题的《即将到来的中国战争》。凭借《致命中国》一书，纳瓦罗结识了特朗普的女婿——贾里德·库什纳（Jared Kushner）。纳瓦罗本人也成为"反华""毁华"的第一人。

（三）主要评价

自鼓噪"中国威胁论"以来，纳瓦罗就被称为美国著名的"民族主义经济学家"，是现今影响特朗普对外贸易政策的第一人。纳瓦罗本人也获得特朗普的高度赏识，称其为一位"具有远见卓识的经济学家"。特朗普说："我在许多年前读过纳瓦罗有关美国贸易问题的一本书，并对他论证的清晰性和他研究的彻底性印象深刻。""他已经预先记录了全球主义对美国工人造成的伤害，并为恢复美国中产阶级铺平了道路。"

在对华问题上，纳瓦罗是美国鹰派中的鹰派，认为仅仅通过对话和谈判无法解决对华贸易问题，美国必须对中国采取强硬措施，迫使中国做出真正让步。美国学界曾评论道，"《致命中国》哗众取宠的论调、虚弱的论点、错误的经济推理，以及其中的矛盾和混乱，对美国经济和中国的自由事业都是不利的。但特朗普却总是会听取纳瓦罗的意见，并且已经颁布了一些基于《致命中国》的政策处方。"① 特朗普曾指令美国贸易代表将中国最大电子商务平台阿里巴巴重新列入"恶名市场"黑名单。

纳瓦罗是特朗普帮腔者中最激烈的一个，"纳瓦罗既不懂中文，又没在研究中国上花过多少时间，他甚至连中国都没怎么去过。这样的人之所以能够成为特朗普政府的中国问题专家，根源之一是他和特朗普相似的价值观。"反过来纳瓦罗也深受特朗普影响。比如，纳瓦罗在 2018 年 6 月 30 日哈德逊研究所发表公开讲话，"经济侵略"的说法并不是出自他，而是出自特朗普政府去年年底发表的国家安全战略报告。

在德里克·罗伯逊 2018 年 6 月 11 日《政客杂志》上发表的《影响对华政策的十个人》一文中，纳瓦罗被列为特朗普政府处理亚洲事务及中国政策的十位关键人物之一。

相比于其"政治影响力"，纳瓦罗的学术影响力乏善可陈。尽管从教多年，纳瓦罗却从未在一本顶级经济学杂志上发表过一篇文章。其出版的 10 本书主要是为大众和投资者受众撰写的，大多数专业文章发表在商业和政策期刊上，是为商业专业人士和决策者撰写的。

---

① 《竞争性企业研究所读书会：彼得·纳瓦罗和格里格·奥特里合著的〈致命中国〉》，美国竞争性企业研究所，2018 年 7 月 2 日。

二　纳瓦罗的"十论"

自中美贸易战"开战"以来，纳瓦罗不断释放各种反华"言论"，试图"努力"将中美关系置于对抗的前沿阵地上，一方面抑制中国的快速发展给美国带来的战略压力，另一方面则从快速发展的中国获取巨大的经济利益，从而维持"美国第一"的战略目标。纳瓦罗的反华言论从思想根源一直到对抗手段，是当今美国零和思维、民粹情结以及陈旧观念的混合产物，这些共同构成了美国当今从思想到行动的反华谱系。

（一）"零和博弈论"

零和思维是当前特朗普政府处理对外关系的主导性出发点，特别是在对华贸易问题上，以一种非此即彼的思维方式将中美关系强行推到对抗的轨道上，而对贸易可以促使蛋糕做大、增进各方利益的福利效应却视而不见。纳瓦罗在 2018 年 7 月 19 日接受 CNBC 的"Squawk Box"采访时表示，"在贸易方面，中国正与世界其他国家进行'零和博弈'"。"不幸的是，现在中国正与世界其他国家之间进行零和博弈的对峙，我们国家需要做的事情是与世界其他国家合作，以确保经济和股市的繁荣。"纳瓦罗认为在美中贸易中,"一个国家以牺牲另一个国家的收入、就业、制造业基础和繁荣为代价来赢得贸易"。

(二)"经济民族主义论"

当前特朗普团队中支持"美国第一"的经济民族主义派别占有明显的强势地位。服务美国本土利益,维护"美国第一"的世界地位经由民粹主义的过滤被明显地突出出来。作为美国的民族主义者,纳瓦罗希望"通过减少贸易顺差、防止技术转让以及阻止中国收购美国高科技公司来遏制中国的经济发展。特朗普随后升级贸易战。除关税外,2018年的年度国防法案还加强了对中国收购的国家安全审查,并加强了对美国技术出口的控制。该法案还扩大了美国与台湾地区以及美国与印度在'印度洋—太平洋地区'的战略合作。美国民族主义者认为,美国持续的经济复苏为成功的贸易战提供了'战略深度',尤其是在主要贸易伙伴的经济正值放缓之际。跨大西洋的团结将进一步加强美国的地位,也可能减少全球主义者和民族主义者之间的摩擦。"①

---

① 《特朗普的贸易政策:走向全球贸易战?》,俄罗斯瓦尔代国际辩论俱乐部,2018年8月14日。

（三）"贸易公平论"

特朗普政府在对外贸易问题上存在着极大的悖论，一方面高调宣扬自己是自由贸易者，另一方面则大唱贸易要公平和对等，如果认为对方不推行自由贸易，则美国就要通过提高关税来实现所谓的"贸易公平"，实际是逆贸易自由而行。纳瓦罗在华盛顿的一个公开讲话中表示，特朗普总统是一个自由贸易主义者，"对于这届政府来说，自由贸易的意思是，贸易是自由、公平、对等和平衡的"。纳瓦罗 2018 年 6 月 28 日在华盛顿智库哈德逊研究所发表讲话时说，特朗普总统所做的只是让竞技场地保持公平。[①] 纳瓦罗认为，在一个理想的世界，即贸易是自由、公平、对等与平衡的世界里，世界上将是零关税、零非关税贸易壁垒、对产业进行零补贴、没有任何货币操纵或是货币贬值的情况以及没有任何使用增值税不仅来增加收入还把它当作一个重商主义的工具，把别国的产品挡在门外，使本国产品具有比较优势的情况。由于世界各国并没有进行自由、公平、对等与平衡的贸易，而美国的关税和非关税贸易壁垒又是全球最低的，这就导致美国每年与其他国家存在大约 0.5 万亿美元的贸易逆差，而

[①] 《纳瓦罗罕见公开亮相细数中国"经济侵略"招数》，美国之音，2018 年 6 月 30 日。

在大家都认可的李嘉图自由贸易模式里，持续的贸易逆差是不应该发生的。"

纳瓦罗在 2006 年发表文章就认为，中国对美国的竞争优势中有 41% 来源于贸易的不平等性，因此主张自由和公平贸易的原则；主张双边协议而非多边协议；减少贸易逆差；加强国防工业基地建设；当出现贸易逆差时，自动触发重新谈判。同时他也列出了大约十几个具体的贸易目标，包括增加美国进口成品零部件数量；开发惩罚操纵货币的工具；打击盗取知识产权的行为，纳瓦罗称其每年要花去 3000 亿美元，并且"偷走了未来创新的种子"；并限制受到大量补贴的国有企业。"特朗普政府计划的最后一件事就是贸易战"，"问题只是与各主要贸易伙伴达成一项体面的贸易协议"。①

2018 年 3 月 6 日，纳瓦罗在美国全国商业经济协会上吹响号角，称美国持续的贸易逆差是一种对国家安全的威胁。贸易逆差使美国的"净资产以惊人的速度转移到国外"。他的补救措施是："自由、公平和互惠"的交易。纳瓦罗说，"如果美国利用其作为世界上最大市场的地位来说服印度降低高关税，说服日本降低非关税壁垒，那么我们肯定能售出更多华盛顿苹果、佛罗里达州橙子、加利福尼亚州葡萄酒、威斯康

---

① 《会见〈致命中国〉的作者，特朗普在贸易上的亲信》，华盛顿邮报，2017 年 2 月 17 日。

星州奶酪和哈雷·戴维森摩托车。"美国即将发挥巨大的议价能力。①

（四）"经济侵略论"

美国对华鹰派认为中国的实力已发展到威胁美国的程度，因此在继"美国吃亏论"之后又出现了纳瓦罗"经济侵略论"等极端敌视言论。纳瓦罗认为，中国对美国存在贸易顺差，而人民币价值也被低估，所以认定中国是导致美国人失业的"罪魁祸首"。纳瓦罗曾在接受《外交政策》的采访中表明自己的立场是建立在"连高中生都明白的道理上"。"贸易是建立国与国之间良好关系的基础。一旦有国家出现欺骗行为，那么这个关系就变质了。比如说一个国家操控货币，那么这个国家的胜利就是以别国的失败为代价的。平衡关系被打破了，这是高中生都明白的道理。"

2018 年 6 月 19 日，纳瓦罗代表白宫发表一篇措辞激烈的报告"中国的经济侵略如何威胁到美国和世界的技术和知识产权"。报告称，中国的大规模工业现代化和经济增长是通过"不符合经济准则"的行为实现的，将"中国黑客窃取美国技术"和中国的人才培养引进计划、产业升级计划等一股脑归类为"经济侵

---

① 《中美贸易摩擦升级　外媒称美鹰派成对华贸易战"推手"》，《环球新闻在线》，2018 年 4 月 9 日。

略",指责其"威胁美国和世界的技术和知识产权"。报告的主要指控包括:(1)通过物理和网络手段窃取技术和知识产权,通过伪造、盗版和反向工程,逃避美国的出口管制法律;(2)利用"技术换市场""强迫"外国公司进行技术转让;对关键原材料进行出口限制和垄断采购权的方式"胁迫"外国公司;(3)有计划地通过收集公开信息和技术成果,派出"技术间谍",同时引进美国科技人才,以此"窃取"美国的先进技术;(4)通过政府投资进行技术发展。该报告特别提及了《中国制造2025》计划,认为中国政府正以国有资本试图投资获取美国经济中的高技术领域。该报告结论是:由于中国经济规模巨大,其主宰未来产业的意图十分明显,其"经济侵略"行为不仅威胁美国经济,还威胁"全球创新体系"。

2018年6月30日,纳瓦罗公开亮相,细数中国所谓的"经济侵略"招数,认为"了解中国的这些策略和做法有助于美国认识到它所面临的结构性的挑战"。纳瓦罗展示了一份列举中国对美国的经济与国家安全造成损害的六大策略以及50多种行为、政策与做法的图表。中国进行"经济侵略"的具体做法包括烦琐的行政审批与许可程序、通过反垄断法进行敲诈、强迫使用中国的品牌、货币操纵与贬值、网络间谍活动、把中国的国有企业打造成龙头企业以及向发展中国家设置"债务陷阱"等。中国的做法对美国构成结构性挑战,"中国的这些政策与做法中的大部分,是在国际贸易秩序的边界之外,也就是说,它们是世界贸易组织等多边贸易体系所对付不了的。特朗普政府正在谋求改革国际贸易体系,因为现有的很多规定不合理。世贸组织中有关最惠国待遇的政策允许其他国家征收高关税而让美国保持低关税。""这份本着实事求是的精神、在很多美国政府文件的基础上完成的报告,凸显了美国所面临的挑战。如果这份图表准确地描述了中国政府的产业政策、行为与做法,如果这是事实的话,那么你可以理解,在建立一个对大家都有好处的贸易体系方面,我们在迈向一个更为有利的位置的过程中所面临的结构性的挑战。"

(五)"皇冠宝石论"

纳瓦罗以他对中国强硬的经济立场而闻名,认为美国需要保护其快速发展的技术方面的利益,不能让中国通过各种不正当途径获得美国的"宝石"。他说道,"我们必须为自己辩护……中国共产党的目标是要摘取'皇冠上的宝石':美国科技。他们采取四种方式:偷窃、强制转移、回避我们的出口管制,以及向硅谷等地提供数万亿美元来收购。特朗普总统说,这不会发生在他手上。因此会有贸易关税,也会考虑对投资限制。""不能让中国主导机器人、新能源汽车、先进的铁路和航运以及航空航天等尖端行业这些技术，它们将是美国未来几十年重要的就业和增长来源。为了从美国获取能够让自己在这些行业领先的技术机密，中国采取了不公平的做法，包括网络盗窃和信息收集。务必要注意的是，特朗普总统采取的行动从本质上来说纯粹是防御性的。"在他这些奇谈谬论发出后，特朗普政府威胁要提高关税，以应对中国窃取美国知识产权的行为。纳瓦罗说"这是我们的未来"。纳瓦罗以人工智能、机器人技术和高科技产业为例，指出这些都是中国未来十年发展的重点。[①]

（六）"美国吃亏论"

特朗普对贸易的看法是单线条的：国际贸易就两种参与者——赢家和输家；判断标准也很简单：贸易顺差国是赢家，逆差国是输家；解决办法更为粗暴：祭出关税大棒即可。这种看法深受纳瓦罗影响。纳瓦罗坚信，中国以及中国的不良做法是世界的中心问题。"中国在以不公平的方式参与国际贸易竞争"，"一旦欺骗存在，汇率操纵发生，贸易就变成了零和博弈，

---

① 《特朗普的贸易战豪赌：等待北京先让步》，《纽约时报》（美国），2018 年 6 月 20 日。

中国和墨西哥是赢家！美国是输家！"①

当有人提及"没有哪家公司比通用电气更乐于"将资金转移到海外，纳瓦罗说："当我外出向企业听众发表有关中国的演讲时，他们希望我谈论战略。这就像是，嘿，你要去中国，你是在把你的航空电子设备给他们，这样你就可以在中国参加一场地区性的喷气式飞机比赛，两三、五年后，你将尝试在欧洲销售你的支线飞机——而你最大的竞争对手将是那个中国佬。这有多愚蠢？"②

（七）"中国责任论"

纳瓦罗一直认为，不是华尔街而是中国使美国人失去工作，因为美国愚蠢地让中国加入了 WTO，由于"中国不按规则出牌"，美国制造业的衰败和失业率的上升自然与中国有关。他举例说，1947—2000 年，美国 GDP 的年均增速是 3.5%，中国加入 WTO 的这近 20 年，这一数字滑到了 1.6%。纳瓦罗认为，1 个点代表 100 万个工作机会，中国加入 WTO 导致美国每年损失了 200 万个工作机会。纳瓦罗也不止一次在公开场合表示，要对中国的进口商品征收税率"至少 43% 的关税"。此外，他还不断鼓吹提高美国军费、加强和台湾

---

① 《贸易战的"元凶"像中国历史上的一个人》，美国中文网，2018 年 7 月 12 日。

② 《会见〈致命中国〉的作者，特朗普在贸易上的亲信》，华盛顿邮报，2017 年 2 月 17 日。

的军事联结等。

（八）"安全威胁论"

纳瓦罗始终认定中国就是美国最大的竞争对手，对自由贸易秩序也不认同。纳瓦罗认为现在的美国足够强大，可以狙击中国。早在《致命中国》一书中，纳瓦罗就称他们的敌人是"道德败坏的黑心中国人"，他们"在道德真空中长大"。他们将中国与"世界上真正文明的国家，如美国、英国、法国和日本"相比较。"纳粹"一词在书中出现了6次，把中国潜艇称为"U艇"，是"自20世纪30年代以来极权主义政权最迅速的军事集结"。纳瓦罗说，"这本书所精确描绘的正是当今中国的深刻写照。"纳瓦罗认为，"中国是自纳粹以来美国国家安全面临的最大威胁"。"作为经济政策研究者，我的职责之一就是为总统的直觉提供分析支持。"期盼"即将到来的中国战争"在自己的手中变为现实。纳瓦罗说，"美国政府未能在改变中国'掠夺性的'贸易行为方面取得进展，中国可能低估了特朗普总统寻求改变中国贸易行为的决心。"[1] 纳瓦罗在电话会议上告诉记者，愿与中国官员继续磋商，"我们的电话随时可以打入，电话保持畅通"。"根本

---

① 《特朗普的贸易事务顾问：中国低估了特朗普的决心》，法国国际广播电台，2018年6月20日。

的现实是，磋商是廉价的……美国总统代表美国人民
采取了行动，这是为保护高端的美国技术和知识产权
不被中国窃取的必要防卫措施。"①

（九）"关税终止论"

纳瓦罗称，美中双方官员经过多轮磋商，未能就
解决日益严重的贸易争端取得进展，由此需实施关税
以捍卫美国利益。他在 2018 年 6 月 19 日接受福克斯
资深媒体人鲁道柏（Lou Dobbs）的采访时表示，中国
低估了特朗普总统通过关税来终止中共掠夺性贸易政
策的决心，并认为中美贸易关税问题是个简单的数学
计算，只顾和美国斗的中国终于一念之差把中美贸易
真相"告白"天下。纳瓦罗在采访时说："这位（特
朗普）总统在 2016 年 6 月时就已承诺，他将使用 301
章节来打击中国不公平的贸易行为，他现在就在这么
做，没有人应该感到惊奇。"

纳瓦罗在 2018 年 6 月 20 日接受采访时说，"特朗
普总统威胁对中国两千亿美元的进口产品收取关税是
自卫措施，目的是应对中国的经济侵略。白宫已经给
了中国改变其'侵略行为'的机会。2017 年的海湖庄
园峰会，以及去年双方高层官员的数轮贸易对话都没

---

① 《白宫贸易顾问纳瓦罗称中国可能低估了特朗普改变中国贸易行
为的决心》，路透社，2018 年 6 月 20 日。

有产生任何进展。在这里必须要指出，总统所采取的行动纯属自卫性质，是为了保护美国的科技硕果不受中国侵略性的行为的危害。"纳瓦罗反驳特朗普的贸易政策将影响金融市场和全球经济的说法。他说，"只有相对、很小的影响。这些为保护美国采取的必要行为，最终只会让美国和全球贸易系统受益"。[①]

（十）"中输美胜论"

对纳瓦罗和莱特希泽等政府中的强硬派来说，继续征收关税的决定是一个胜利。他们认为，美国不应该放弃尝试逼迫中国对其经济进行更彻底的改革，即使这些措施会在短期内给美国企业和消费者带来痛苦。2018 年 6 月，纳瓦罗降低了政府官员之间的分歧，称美国的谈判进程没有动摇，是"线性"的。他说，撤销贸易诉讼以换取采购的想法——这是中国在谈判中向美国提出的——向来"行不通"。[②]

纳瓦罗认为，"中国在贸易争端中将比美国遭受更多的损失，美国政府将以有节制的、公平的方式选择征收关税的中国产品。"特朗普总统表示，他的政府唯一可以接受的结果是贸易赤字大幅度减少，两国贸易

---

① 《白宫贸易顾问：特朗普采取自卫措施应对中国经济侵略》，VOA 中文网（美国），2018 年 6 月 20 日。

② 《特朗普的贸易战豪赌：等待北京先让步》，《纽约时报》（美国），2018 年 6 月 20 日。

在公平的基础上达到平衡。① 纳瓦罗说，"特朗普不会允许北京通过承诺进口更多美国商品，轻松摆脱经济争端。总统已经给了中国一切机会，让其改变自己的攻击性做法。中国的损失确实比我们大"。② 纳瓦罗强调，在中美贸易关税问题上，中方输定了："这是一个简单的数学计算。美国对 500 亿美元的中国货物征税完全是针对《中国制造 2025》所涉及的行业，因为中国要与美国抢未来，美国就必须防卫。但在美国公布清单后，中方做了一个错误的决定，立即对等反击 500亿。但是特朗普高瞻远瞩并且当机立断再加 2000 亿美元。……中方无法用关税来做对等的反击了，因为中方手里的贸易牌最多就是 1300 亿美元。他们在数学计算上输定了，这也是特朗普总统认定的。"

纳瓦罗称美国别无选择。他表示，白宫给了中国许多谈判和改变政策的机会，那些政策已经让美国人失去了数百万个工作岗位，特朗普政府现在准备对4500 亿美元的中国商品征收关税，以迫使中方屈服。"我认为对方可能低估了唐纳德·J. 特朗普总统的坚定决心，如果他们认为可以用一些额外的产品廉价收买我们，允许他们继续窃取我们的知识产权和皇冠上

---

① 《美国 5056 亿中国 1300 亿纳瓦罗：数学计算中输定了！》，澳洲新闻网，2018 年 6 月 21 日。

② 《特朗普的贸易战豪赌：等待北京先让步》，《纽约时报》（美国），2018 年 6 月 20 日。

的珠宝，那他们是做出了误判。我们希望将来不再出现误判。由于中国对美出口价值几乎是美国对华出口价值的四倍，所以，贸易冲突对中国的伤害要远远大于对美国的伤害。"[①]

三　国外对纳瓦罗观点的"十驳"

作为特朗普的"中国问题专家"，纳瓦罗的专业能力广受质疑。其贸易观点，更不为主流经济学家一顾。

（一）"伪经济学家长队中的最新一员"

1. "贸易赤字总是拖累经济增长吗?"

美国卡内基国际和平基金会在 2017 年 2 月 2 日发表的《彼得·纳瓦罗在贸易上的主张是错误的吗?》报告认为，纳瓦罗出任新成立的白宫贸易委员会主任，"引发了美国乃至世界关于贸易理论的几个基本问题的激烈辩论"。纳瓦罗认为，减少这种"贸易赤字拖累"将会增加国内生产总值的增长。理论上说，任何国家的国内生产总值增长都是消费增长、净政府支出、投资和净出口的总和。这只不过是那些接受过基本经济学的人所熟悉的标准会计恒等式。但是，他们却把引

---

① 《特朗普的贸易战豪赌：等待北京先让步》，《纽约时报》（美国），2018 年 6 月 20 日。

致国内生产总值增长的四个因素对立起来，增加一个因素会自动导致另一个因素减少。事实是，美国经常账户赤字是否对美国经济有害，取决于我们对资本稀缺性的假设。"在一个资本过剩、需求不足的世界，美国经常账户赤字拖累了经济增长。"

2. "另类计算"与"另类事实"一样虚假

美国彼得森国际经济研究所在 2017 年 2 月 27 日发表的《特朗普另类贸易计算的谬误》报告针对纳瓦罗的经济学常识进行了批驳。"特朗普政府正在考虑改变双边贸易赤字的计算方法，目的是结束一种所谓的扭曲（因为这种扭曲低估了美国贸易赤字），从而帮助政府做出更好的贸易协议，即可以减少赤字的协议。你可以把这个提议称为'另类计算'。事实上，它和从白宫偶尔传出的臭名昭著的'另类事实'一样虚假。"纳瓦罗认为，"通过将在外国制造的产品当作美国出口来夸大出口额"。他认为，进口货物，然后再出口（没有附加值）不应该被计算为出口。"纳瓦罗特别感兴趣的是从双边赤字中排除再出口，以更准确地计算与加拿大和墨西哥贸易中的美国附加值。"但是，"纳瓦罗的提议无法发挥作用的主要原因与数据有关。简单地说，进口数据并不反映出口数据"。

3. "打击中美贸易完全是本末倒置，根源问题并不能获得解决"

针对纳瓦罗的政策建议，哈佛大学经济学教授曼昆（N. Gregory Mankiw）在自己的博客里进行了抨击。"纳瓦罗的经济观点犯了基本的常识性错误，一味减少贸易逆差将导致投资下降，利率上升，社会消费能力也将整体下降。连经济学刚入门的学生都知道，与贸易逆差相伴的是资本的流入。"同时指出，如果美国继续加强对中国的贸易壁垒，那么大量的工厂将会寻求其他成本低的国家，比如印度、越南等。也就是说，打击中美贸易完全是本末倒置，根源问题并不能获得解决。英国的《经济学人》杂志同样对纳瓦罗的贸易策略保持悲观态度。他们认为，如果美国人不能购买便宜的进口货，低收入阶层的经济状况会更加窘迫，从而社会消费能力会进一步减弱。[①] 奥巴马政府的首席经济顾问弗曼（Jason Furman）说："如果你试图恐吓公司转移业务，或者在供应链上对他们大吼大叫，那么这不是让美国变得更有吸引力的方法。应该做的是建立基础设施，培训工人，投资技术，而不仅仅是打击其他国家。"[②] 对于纳瓦罗和罗斯提出的税收建议，

---

① 苏洁：《任性纳瓦罗的"致命"危险》，《中国新闻周刊》，2018年7月24日。

② 同上。

专家们说，对基础设施的税收减免将奖励那些无论如何都会出现的项目，并且不会解决拖延已久的维护问题，从而导致更大的预算赤字。①

4. "如果美国采用了特朗普的经济计划，那么结果必将是毁灭性的"

《美国中文网》在 2018 年 7 月 12 日发表《贸易战的"元凶"像中国历史上的一个人》文章援引美国经济学专家对纳瓦罗进行的批驳，哈佛大学经济学家曼昆说，就连大一经济学专业学生都知道的常识，纳瓦罗都不知道。卡梅隆大学教授布兰斯泰特（Lee Branstetter）说，纳瓦罗的哈佛博士学位与他的文字并不相符。例如，纳瓦罗认为贸易是世界的核心问题，贸易给美国带来的主要是负面作用，大大减少贸易将使美国经济复苏。麻省理工学院的经济学家西蒙·约翰逊（Simon Johnston）表示，纳瓦罗对经济的预测"建立在不现实的假设基础上，他们仿佛是来自于另一个星球，对现实一无所知。如果美国采用了特朗普的经济计划，那么结果必将是毁灭性的。" 2017 年纳瓦罗与前商务部长威尔伯·罗斯（Wilbur Ross）共同撰写的一篇论文中提到，特朗普可能会征收关税，鼓励消费者改变购买习惯，以消除美国的巨额贸易逆差，这将

① 《任性纳瓦罗的"致命"危险》，《中国新闻周刊》，2018 年 7 月 24 日。

与加大对美国经济的投资密切相关，消除贸易赤字和增加投资也将刺激经济更快增长，这将在十年内带来1.74万亿美元的税收收入。对此，布鲁金斯学会经济学家威廉·盖尔（John Gale）的评价是，这种将多类事件合为一体"从数学上讲不可能的"。①

即便是"唱衰中国"的美国评论员章家敦，也对特朗普政府和纳瓦罗的激进态度表示反对。在他看来，"对中国产品征收45%的关税是很不明智的选择，而退出TPP对美国政府来说简直是'自取灭亡'。"②

5. "他就是伪经济学家长队中的最新一员"

美国智库对特朗普任命纳瓦罗一事给出了负面评价。美国竞争性企业研究所在2018年4月20日发表的《彼得·纳瓦罗在贸易方面的经济无知》报告称，特朗普听取一个如此不了解基本经济学的人的意见，是极其危险的。纳瓦罗的重商主义是托勒密天文学的经济等同物，应该被视为一种历史的好奇和人类进步的障碍。纳瓦罗的贸易思想有四大错误。第一个重要的缺陷是重商主义。这是一种古老的经济学说，植根于民族主义，被委婉地称为"反外国偏见"。重商主

---

① 《任性纳瓦罗的"致命"危险》，《中国新闻周刊》，2018年7月24日。

② 同上。

义政策通常采取针对外国企业的贸易壁垒、对国内企业的特殊优待，有时还采取货币操纵的形式。它们的目标是最大限度地扩大出口，同时最大限度地减少从国外的进口。其结局是重商主义政策不但降低了消费者的选择和生活水平，而且在没有更多财富的情况下拥有更多的货币，会导致通货膨胀，扭曲价格体系。第二大缺陷是纳瓦罗严重误解了比较优势理论。自从大卫·李嘉图（David Ricardo）在 201 年前发表《政治经济学及其赋税原理》一书以来，这一直是经济学家的标准。道理很简单：做你擅长的，不要做你不擅长的，这样每个人都可以用同样的资源创造更多的财富。第三大缺陷在于纳瓦罗的思维方式是整体而非个人。中国和美国之间不进行贸易往来，而是居住在中国和美国的人进行贸易往来。在一个由两个以上国家组成的世界里，任何两个国家之间的总数据在既定的一年里几乎都不会完全平衡。中国每年的制造业产出约为 5 万亿美元，而美国制造业产出超过 6 万亿美元。即使中国政府自己的重商主义政策有助于增加出口，它们也不会主导美国制造商。第四个缺陷就是贸易赤字谬论。中美贸易也是彼此有需要进行的，如果不适用，那就不会有贸易。"与教科书上的汇率调整有助于平衡贸易的模式相反，美国对中国的贸易逆差自 2002 年以来累计超过 4 万亿美元，而且还在持续增长。"纳瓦罗想用多少就用多少，但这并不意味着他说的是真的。美国政府不应该把中国政府的错误和自己的错误混为一谈。遗憾的是，这似乎不是当前的道路，纳瓦罗是部分原因。

国际经贸专家丹·斯坦伯克（Dan Steinbock）说，纳瓦罗对中国的抨击多是从"反中"立场出发，而非实事求是维护美国经济利益。耶鲁大学经济学家斯蒂芬·罗奇（Stephen S. Roach）的评价更为直白："纳瓦罗的观点缺乏准确性，高度政治化，他就是伪经济学家长队中的最新一员。"[①]

（二）事实歪曲的制造者

1. "把中国经济政策的一些基本事实扭曲成对国家利益和生活方式的直接威胁"

针对纳瓦罗提出的中国"经济侵略"，美国摩卡特斯中心在 2018 年 6 月 20 日发表的《白宫的报告夸大了中国中央计划的威胁》报告认为，为了证明美国与中国不断升级的贸易战合理性，白宫采用一边倒的方式，它把中国经济政策的一些基本事实扭曲成对国家利益和生活方式的直接威胁。正如"经济侵略"所述的：在实现工业基础现代化和全球价值链升级的同时，

---

① 《任性纳瓦罗的"致命"危险》，《中国新闻周刊》，2018 年 7 月 24 日。

中国经历了快速的经济增长而成为世界第二大经济体。但这种增长在很大程度上是通过激进的行为和政策实现的，不符合全球准则和规则。鉴于中国经济规模、市场扭曲政策的程度，以及中国担当未来工业霸主的既定意图，中国的经济侵略行为不但威胁着美国经济，而且还威胁着全球创新体系。

2. "严重夸大了中国做法的影响以及对其他国家造成的危害程度"

《白宫的报告夸大了中国中央计划的威胁》继续指出，"经济侵略"报告没有承认美国人每天从与世界上人口最多国家（中国）的商业往来中获得的巨大好处。这篇报告一开始就犯了一个致命的错误，把中国的经济增长归因于其持续的非市场行为。中国的经济增长大部分是由于其"侵略行为"而实现的，这显然不是事实。中国的增长一直受到市场自由化的推动。其他国家也取得了同样令人印象深刻的增长奇迹，而没有采取白宫文件所称的中国成功所依靠的那种"经济侵略"。中国的增长奇迹因其庞大的规模而更为引人注目，但它仍是一个中等收入国家，人均 GDP 仍远低于美国、日本和其他更自由、更开放的东亚邻国。中国近几十年来经济上取得的成就尽管出现了"经济侵略"，但并非因此而取得的成就。

3. "夸大了中国侵犯美国知识产权的程度及其对美国经济的影响"

《白宫的报告夸大了中国中央计划的威胁》认为，"经济侵略"报告将在美国的 30 万名中国学生和数千名中国临时签证持有者，看作为中国政府服务的"非传统信息收集者"，是近乎歇斯底里的。这份报告夸大了中国侵犯美国知识产权的程度及其对美国经济的影响。实际上，在尊重全球知识产权规则方面，中国正处于核心地位。美国商会 2018 年的报告对 50 个经济体在知识产权保护方面做出分析，中国在 50 个经济体中排名第 25 位，远远落后于美国，但领先于俄罗斯、巴西和泰国。彼得森国际经济研究所的尼古拉斯·拉迪（Nicholas R. Lardy）指出，在使用外国技术支付的许可费和版税方面，中国排名世界第四，排在日本、韩国和印度之前。中国 2017 年为此支付了 300 亿美元，是 10 年前的 4 倍。

白宫对中国的指控不能证明它对两国间价值数千亿美元的贸易征收关税是合理的。这些关税只会惩罚美国和中国的消费者和企业，而不会改变中国的知识产权和投资政策。

4. "只是说一方所有的东西都是不好的，另一方什么都是好的，并不能解决问题"

美国助理贸易代表的贸易问题专家蓝迪在接受美

国之音采访时谈到了他对"经济侵略"报告的看法："基本上，他所说的有一定道理。的确，我们需要研究中国的做法，我们得与他们进行谈判。如果这些做法没有被世界贸易组织所涵盖，我们得确保有一个公平的竞技场地。但是，自从加入了世贸组织后，中国对它的贸易体系做出了很多调整，而这份报告没有怎么谈及这方面的细节情况。我的看法是，这里有问题，这里有挑战，但是只是说一方所有的东西都是不好的，另一方什么都是好的，并不能解决问题。"①

（三）"徒劳的贸易保护者"

1. "首位公开宣扬保护主义的总统"

美国企业公共政策研究所在 2018 年 6 月 2 日发表的《"为什么特朗普的保护主义是徒劳的"》报告引用美国贸易专家道格拉斯·欧文（Douglas A. Irwin）对纳瓦罗贸易思想的评价。欧文认为，特朗普可能是自胡佛（Hoover）以来首位公开宣扬保护主义的总统，"他（特朗普）从未真正定义过'更好'的贸易协议是什么"。他对贸易的判断归结为贸易平衡，就像一个商人一样，将贸易平衡看作一根平衡木，而不是更广泛地考虑贸易对国家经济的影响。每个国家都不可能

---

① 《纳瓦罗罕见公开亮相 细数中国"经济侵略"招数》，美国之音，2018 年 6 月 30 日。

实现贸易顺差，但"特朗普考虑的是零和条件下的贸易，考虑的是利润还是亏损，并且他认为出口是好事，进口是坏事。"这可能是因为特朗普"来自于赌场行业，也就是房地产行业，在这个行业里，要么得到这个项目，要么得不到；要么赢房子，要么输房子。他没有看到，在国际贸易中，"失衡并不意味着一个国家正在打败另一个国家，或者一个国家正在'赢'，另一个正在'输'"。特朗普的言语措辞"根本不是经济学家看待贸易的方式。"

2. "他们都有保护主义者的本能，而不是深思熟虑的策略"

《为什么特朗普的保护主义是徒劳的》报告继续指出，尽管美国已经减少了钢铁行业的工作岗位，这是因为国内钢铁行业的生产率提高了。在 1980 年，生产一吨钢铁需要 10 个小时。如今，这只需要不到两个小时。"把那些蓝领工人的工作带回来是不可能的"，他把总统的坚持归因于怀旧情绪——"反映出第二次世界大战后美国的伟大，并试图重现那些日子。""甚至连罗斯和纳瓦罗也从未完全阐明过他们的保护主义观点"，欧文说："我有一种感觉，他们都有保护主义者的本能，而不是深思熟虑的策略。""两个人似乎都怀念过去的日子，当时的大型工业都是汽车和钢铁，而且看不到外国竞争。在当今全球化不可逆转的世界中，增长领域是基于高科技和知识产权的，他们似乎非常不自在。""纳瓦罗认为，自由贸易的理由已经'过时'，并对中国怀有特别的敌意。"特朗普希望看到贸易赤字下降，美国制造业复苏。但"他的宏观经济政策几乎肯定会导致更大的贸易逆差，而不是更小的贸易逆差"，欧文说。

3. "他们依赖的是重商主义的'理论'，而在几个世纪前，重商主义曾被人怀疑过"

基于数百年来发展中的经济和国际贸易理论以及大量经验证据，经济学家有充分发展的和清晰的论点来支持自由贸易并反对保护主义。反对保护的经济理论和证据是压倒性的，以至于经济学家认为这是一门"固定科学"。在最近的一项调查中，40位顶尖经济学家中所有的人都不同意"美国对钢铁和铝征收新的关税将改善美国人的福祉"的说法。另外，欧文认为，贸易保护主义者在报道中没有这样的理论、证据或共识，甚至无法阐明他们的保护主义观点。而且，贸易保护主义者在一定程度上试图阐明他们的保护主义观点，他们依赖的是重商主义的"理论"，而在几个世纪前，重商主义曾被人怀疑过。贸易保护主义者"怀念的过去"不只是"很久以前"的时期，"当时，大型工业是汽车和钢铁，而且看不到外国竞争"。他们也怀念几百年前，当时他们今天所支持的重商主义观点被重视——也许是在 18 世纪。

4. "特朗普关税值得关注的地方在于，它们如此具有自毁性质"

美国经济学家保罗·克鲁格曼在 2018 年 7 月 9 日纽约时报中文网上发表《如何输掉一场贸易战?》一文指出，特朗普"认为贸易是一个游戏，赢家是拥有最大顺差的人，而进口超过出口的美国在任何冲突中都处于有利地位，没有人会对特朗普的关税进行报复。""由于这并不是贸易实际运作的方式，我们已面临大量报复，且情况极有可能恶化。事实上，到目前为止，特朗普的关税结构是对美国经济造成最大损害，从而换取最小的收益。相比之下，外国的报复措施要复杂得多：与特朗普不同，中国和其他承受特朗普贸易战怒火的国家似乎清楚地了解它们想实现的目标。""除了对贸易平衡的执着，纳瓦罗/特朗普的观念似乎还在按照 20 世纪 60 年代的样子来想象世界，当时的贸易绝大部分发生在小麦和汽车这样的最终产品内。"在当今世界，聪明的贸易战士将把关税集中在最终产品上，避免为下游国内商品生产者增加成本。这相当于直接对消费者征收或多或少的税；但是，如果你害怕给消费者带来任何负担，那么你从一开始就真不应该挑起贸易战，特朗普的关税几乎都不是针对消费者产品的。而中国主要集中在最终产品上。"即使你知道你想要实现什么目标，并且有明确的战略来实现这些目标，贸易战也不是好事，一点也不容易赢。然而，特朗普关税值得关注的地方在于，它们如此具有自毁性质。"

5. 美国上调对日本企业的关税将给美国经济带来负面影响

美国之音中文网 2018 年 8 月 4 日发表的《日本对美贸易的杀手锏是安倍》一文认为，日本政府也向美国政府提交了一组数据，即日本企业在美国所生产产品的出口额高达约 700 亿美元，超过美国对日贸易逆差。如果上调汽车关税导致日本企业的经营状况恶化，日本企业将不得不缩小美国国内的业务，从而可能对美国经济造成消极影响。

（四）民粹主义与保护主义的坚定支持者

纳瓦罗是白宫中知名的"民粹主义与保护主义的坚定支持者"，不仅是鹰派代表，更是反对自由贸易的急先锋。"进入 2018 年，只要出现在电视镜头前，纳瓦罗永远的主题就是'关税、关税、关税！'"

1. "偏激的"和"古怪的"经济观点

《印度商业在线》在 2018 年 3 月 8 日发表的《随着特朗普推动关税，地位不断上升的〈致命中国〉经济学家抨击中国》文章称，纳瓦罗和前美国商务部长罗斯为 2016 年特朗普竞选撰写的经济主张中表示，

"这些中国领导人利用了美国人的弱点在贸易舞台进行欺诈，他们将认识到特朗普的力量和决心，收敛起他们的重商主义冲动"。纳瓦罗支持对中国进口商品征收45％的关税，以打击他所说的中国政府的政策以及非法出口补贴、操纵汇率、窃取知识产权、缺乏工人安全保护和环境监管等行为，称由于美国企业的一味迁就，贸易协议损害了美国的经济实力；挑战华盛顿的"一个中国"政策。纳瓦罗支持退出北美自由贸易协定以及与韩国的贸易协定，认为世界贸易组织支持征收增值税等不公平的税收，这些做法损害了美国企业的利益。纳瓦罗的经济观点被大多数经济学家视为是"偏激的"和"古怪的"。

2. "钢铁关税提高了投入成本并造成资源滥用"

英国经济事务协会在2018年6月8日发表的《钢铁关税提高了投入成本并造成资源滥用》文章称，纳瓦罗认为现有的保护主义是如何鼓励肯塔基州的一家新铝厂，并重新启动伊利诺伊州的炼钢厂，这是让美国制造业再创辉煌的第一步。19世纪的著名法国思想家和经济学家弗雷德里克·巴斯夏（Frédéric Bastiat）说，"坏经济学家和好经济学家只有一个区别。坏的经济学家把自己局限在可见的效果上；好的经济学家既考虑了可以看到的影响，也考虑了必须预见的影响"。纳瓦罗忽略了贸易保护主义政策的两个主要缺点：美国钢铁消费者的成本上升，以及其他美国出口行业受到关税报复的打击。纳瓦罗的想法表明，特朗普政府最高层有一些顽固的保护主义分子。纳瓦罗显然希望利用贸易政策明确地帮助某些重工业。但随着投入成本飙升、资源被分配到效率较低的用途上，这种保护以及它所带来的集中效益，伴随着整个美国经济中更大、更分散的成本。有意或无意地忽视这些成本，将成为经济分析的主要错误。

3. "特朗普选择对抗的贸易姿态，是对他的新自由主义政策的一种补偿"

美国企业公共政策研究所在 2018 年 6 月 4 日发表的《特朗普的关税闹剧：从荒谬之中找寻意义》报告认为，美国贸易政策的主要信条是：美国拥有压倒性的市场支配力，因此美国的贸易伙伴，即使是拥有和美国相同的市场支配力的欧盟也将最终屈从于美国的经济需求。这是特朗普政府早期的贸易原则，但现在该原则并不被看好。加拿大和墨西哥等拥有较小市场支配力的经济体已经表明，它们将会针对美国采取报复性措施，并愿意承担后果。

4. "特朗普、纳瓦罗和特朗普团队其他一些人对中国荒谬且适得其反的抨击及其原始保护主义应该受到严厉谴责"

美国米塞斯研究所在 2016 年 9 月 15 日发表《评

价特朗普的经济政策》报告称，"特朗普、纳瓦罗和特朗普团队其他一些人对中国荒谬且适得其反的抨击及其原始保护主义应该受到严厉谴责"。他们往往是反全球化者，他们拒绝虚假的多边"自由贸易"协议。这些交易是精心设计的，长达数千页，主要有利于美国政治家和官僚，以及他们有密切关系的银行家和裙带资本家。事实上，纳瓦罗和特朗普强烈反对跨太平洋伙伴关系协定、北美自由贸易协定、中国—东盟自由贸易区和美韩自由贸易协定。从正义和繁荣的角度来看，简单的单边自由贸易——合法保障国内居民与任何外国公民自由贸易的权利，而不考虑其贸易体制——始终是一个国家的理想政策。然而，特朗普政府承诺与其他国家谈判的 19 世纪风格的双边贸易"交易"，比秘密的、复杂的交易（以现代多边贸易协定为特征）更加透明，并更有可能走向真正的自由贸易。特朗普的"美国第一"经济计划也值得鼓励。诚然，这项计划似乎只是为了减轻长期忍受折磨的美国中产阶级的税收负担，并从日益繁重的税收和条例中解脱出来，这些税收和条例阻碍了资本积累和劳动生产率增长，但它们正朝着正确的方向前进。更重要的是民粹主义的反全球化主题贯穿整个文件，因为它阐明和改变了有关美国国际经济政策论战的整个基调。正如过时的保护主义，真正的自由贸易也是民粹主义，"美国第一”和反全球化政策。这两项政策都是他们的支持者所主张的，以促进美国消费者和工人的福利和繁荣。“自由贸易”这个词已经被外来的、全球化拥护者所借鉴，而这种全球化学说与促进普通美国人的经济福利几乎无关，而且也与美国和外国政治精英对国际贸易、投资和货币事务进行集中控制无关。正如美国经济与历史学家穆瑞·罗斯巴德（Murray Rothbard）关于北美自由贸易协定的深刻见解：“该协定想要的是政府主导的、政府谈判的贸易，这是重商主义而非自由贸易。它想要的也是国际超级政府体系从美国手中夺取决策权，使它们落入超级政府手中，这将统治美国人，而不是对他们负责。北美自由贸易协定比开放社会主义更糟糕，因为它在自由和自由市场的华丽外衣下隐藏着国际社会主义。民粹主义者，甚至是贸易保护主义的民粹主义者，都对此怀有深切的怀疑。”

5. “这些措施肯定会加深全球危机，但不太可能在长期内阻碍中国的崛起”

俄罗斯瓦尔代国际辩论俱乐部在 2018 年 8 月 14 日发表的《特朗普的贸易政策：走向全球贸易战？》报告称，新自由主义民族主义“本身并没有提供真正的（重新）产业战略、财富和收入的再分配，也没有为基础设施、研发和通识教育提供足够的资金。美国社会中能够推动这些政策的社会力量非常薄弱，而且缺乏组织性。这些政策是能够给中美两国人民带来共同利益的长期多边解决方案的基础。即使欧盟站在美国一边，美国也会采取最大限度的遏制措施，这些措施肯定会加深全球危机，但不太可能在长期内阻碍中国的崛起。"

（五）"中国威胁论"的散布者

1. 从"批判美国企业'毫无爱国精神'"到宣称中国对"全球创新体系"的威胁

华人今日网在 2018 年 6 月 21 日发表《纳瓦罗把〈致命中国〉写成了白宫报告?》文章称，自 2016 年特朗普当选以来，纳瓦罗一直都是特朗普幕僚中秉持最激烈的"中国威胁论"的人，而以上论点基本上是他在特朗普大选期间创作的《致命中国》的老调重弹，不过当时他的重点在于就批判美国企业"毫无爱国精神"，贪图中国的市场和廉价劳动力，将美国的先进技术和工业生产能力拱手送给了中国，让中国可以生产能消灭美国的导弹和军火。如今却笔调一转，开始为"全球创新体系"鼓舞与欢呼了。

2. "事实是，在大多数情况下，它并不是"

美国竞争性企业研究所在 2018 年 7 月 2 日发表的《竞争性企业研究所读书会：彼得·纳瓦罗和格里格·奥特里合著的〈致命中国〉》报告称，"书中的语言非常刺耳，像是青春期男性用来表现自信的一种策略。
贬低对手，与对手相比感觉自己更强大，令自身得到
放松和心理上的安慰。这也是一种将注意力从手头的
争论转移开的方法。如果一个人对自己的论点，以及
对自身有能力捍卫其论点缺乏信心，这是很有用的"。
《致命中国》记录了强大、富有和腐败的中国共产党，
在日益高涨的民族主义浪潮的鼓舞下，正以各种方式
成为自纳粹德国以来对全球和平、繁荣和健康的最大
威胁。事实是，在大多数情况下，它并不是。

3. "经济的增长就是增长，馅饼变得更大了"

《竞争性企业研究所读书会：彼得·纳瓦罗和格里
格·奥特里合著的〈致命中国〉》报告继续评论道，
《致命中国》也在哀叹，美国当前的政策"让重商主
义和保护主义的中国摧毁了美国的制造业基地，损害
美国的经济"。经济学家们长期以来一直表示，重商主
义和保护主义是自我伤害的政策。纳瓦罗和奥特里也
担心美国对中国的贸易逆差。实际上，贸易赤字根本
不能衡量经济状况。改革开放后中国经历了快速增长，
目前人均收入约为 8827 美元，这是有史以来的最高水
平。美国的人均收入也有所增长，同期增长了逾 2.2
万美元。一个国家拥有更多，那么另一个国家就没有
必要拥有更少。经济的增长就是增长。馅饼变得更
大了。

4. "贸易并不影响工作岗位的数量，它影响的是工作的类型"

《竞争性企业研究所读书会：彼得·纳瓦罗和格里格·奥特里合著的〈致命中国〉》报告继续评论道，纳瓦罗和奥特里确信，中国要为美国的高失业率负责，并预测美国会出现大规模失业。截至该文撰写之时，美国的失业率为3.8%，处于历史低位。随着经济的繁荣和萧条，失业率将会上升和下降，但总地来说，贸易并不影响工作岗位的数量，它影响的是工作的类型。根据贸易伙伴关系的一项研究，特朗普总统最近的钢铁和铝关税（纳瓦罗曾公开为其辩护），短期内将使钢铁和铝行业损失约3.3万个工作岗位，下游行业将损失约17.9万个工作岗位。从长远来看，就业效应几乎为零。许多钢铁工人最终可能会丢掉工作，再到其他地方寻找不同的工作。下游行业的失业工人也会找到不同的工作。但人为的限制和关税带来的价格扭曲则意味着，与政府的放任自流相比，新的工作岗位平均创造的消费者价值可能会更低。创造更低价值的工作往往薪水更低。

5. "无论中国如何反应，美国都应该放弃自己的贸易壁垒，开放自己的经济，并从中受益"

《竞争性企业研究所读书会：彼得·纳瓦罗和格里格·奥特里合著的〈致命中国〉》报告评论道，尽管纳瓦罗和奥特里认为，中国既需要开放市场，又需要使其政治体系自由化（这是正确的），但他们所提出的贸易政策不会解决问题。即使"美国将数百万个工作岗位拱手让给了中国"，这些损失也被美国从其他国家获得的增长所抵消，而这些增长大多与贸易政策无关。根据鲍尔州立大学的一项研究，技术的变化和消费者口味的变化而导致的工作变动是贸易所引起的工作变动的6倍多。劳动力的规模与人口的规模比其他任何因素都更紧密地联系在一起。如今，在中国又经历了近10年的快速经济增长之后，美国的劳动力人数达到了1.615亿人，自布什上台以来，净增长了近1800万人。而纳瓦罗和奥特里在这方面给出的数据却严重地误导了读者。美国目前采取的并不是鼓励中国放弃保护主义和重商主义政策的正确方法。无论中国如何反应，美国都应该放弃自己的贸易壁垒，开放自己的经济，并从中受益。

（六）"猛批中国的怪人"

1. "猛批中国的怪人"

《美国中文网》在2018年7月12日发表《贸易战的"元凶"像中国历史上的一个人》文章称，纳瓦罗对中国不了解，在出版3本与中国有关的作品之前从未到过中国，2018年才第一次随美国代表团来华谈判。他所谓的中国全是单一、古板、负面的，由此《经济学家》形容他是"猛批中国的怪人"。

2. "他一直逃避和真正对中国问题有研究的人进行交流"

《美国中文网》在 2018 年 7 月 12 日发表《贸易战的"元凶"像中国历史上的一个人》文章继续评论道，在 2011 年出版的《致命中国》中，纳瓦罗不遗余力地抨击中国操控货币和贸易，指责中国通过"伪劣产品"获取利益，威胁美国对世界经济的主导权。他认为，"美国企业根本没法和中国企业竞争，为什么呢？因为他们根本不是在和中国企业竞争，而是和中国政府竞争"。此书一经出版，在美国社会引发了不小的讨论热潮。第二年，纳瓦罗还导演制作了《致命中国》同名纪录片，继续宣扬中国威胁论。美国《外交政策》杂志的评论员、前半岛电视台外交记者梅丽莎·陈（Mellissa Chen）表示，"在纳瓦罗眼中，中国是美国的竞争对手，两国之间的竞争就是零和博弈，不存在双赢"。曾任中国美国商会会长的麦健陆（James Mc-Gregor）表示，"纳瓦罗从未尝试和研究中国问题的专家接触，不管是在政治、经济还是历史领域。而在任何研究中国问题的美国学术圈，纳瓦罗也是籍籍无名"。芝加哥大学的中国历史教授彭慕兰也表达了类似的观点。"我对纳瓦罗的印象是，他一直逃避和真正对中国问题有研究的人进行交流。"

3. "根据已经确定了的论点，选择性地去寻找证据"

《美国中文网》在 2018 年 7 月 12 日发表《贸易战的"元凶"像中国历史上的一个人》文章指出，在彭慕兰看来，纳瓦罗的那本《致命中国》对中国的描写非常片面："纳瓦罗用夸张、不准确，甚至是讽刺漫画的手法来描写中国。在真正了解中国的人看来，这样的书毫无可信度。"彭慕兰（Kenneth Pomeranz）所说的"夸张手法"，在纳瓦罗的《致命中国》中比比皆是。其中有一段，纳瓦罗耸人听闻地警告那些买中国商品的美国消费者，"你想寻求华丽的死法吗，比如爆炸、电击、着火等？那你有的可选啦，那些质量堪忧的接线板、电风扇、台灯、过热的遥控器、会爆炸的手机等，选择多得很！"华尔街日报援引华盛顿智库战略与国际研究中心学者斯科特·肯尼迪（Scott Kemnedy）的评价，认为这篇报告完全体现了纳瓦罗的惯用措辞和看待中国的方式。肯尼迪认为，纳瓦罗在撰写报告时候"并没有一视同仁地搜集所有证据进行分类筛选，而是根据已经确定了的论点，选择性地去寻找证据。"①

————————

① 《任性纳瓦罗的"致命"危险》，《中国新闻周刊》，2018 年 7 月 24 日。

（七）背道而驰者

1. "纳瓦罗经常是人群中的背道而驰者"

"纳瓦罗经常是人群中的背道而驰者，而且他从不害怕与主流观点针锋相对。"美国制造业联盟的主席史考特·保罗（Scott Paul）如此评价纳瓦罗。早在 2016 年 11 月，包括 19 位诺贝尔经济学奖获得者在内的 370 位经济学家联名发表公开信，向特朗普的经济政策提出警告，并指出选举特朗普为美国总统是危险的。公开信发表后不久，纳瓦罗立刻做出了回应，他以特朗普竞选团队资深顾问的身份向美国公共广播电台表示，"这封信令人难堪，这些经济学家还是坚持认为那些对美国不利的生意是正确的。""减税、提高能源产量、通过减少进口和提高出口来降低贸易逆差，这些都可以促进美国经济发展，提高美国人的工资水平，我想选民根本就不需要什么经济学博士学位就可以明白这些。"在 2000 亿美元的征税商品清单的意向公布后，美国企业界普遍表现出反对之声。中美贸易委员会会长约翰·弗里斯比表示，"美国和中国之间不断升级的贸易摩擦只会对两国的经济和就业市场造成伤害，到最后没有人会是赢家"。美国国家公共广播电台的记者亚当·戴维德森（Adam Bavidson）预测，"现在中国和欧盟的贸易已经超过中美之间了，而特朗普政府的做法只会加剧这一趋势。目前，美国绝大多数的出口导向型企业都把中国视为最重要的市场，从通用汽车，到好莱坞，到音乐产业、波音飞机，以及那些在华盛顿州的科技公司，它们都将受到打击"。卡内基·梅隆大学经济学和公共政策教授李·布兰施泰特表示，在贸易战中，美国大公司可以把生产转移到海外，但对于没有海外生产网络的小企业而言，生存就困难得多。全国船舶制造商协会会长汤姆·达姆里奇（Tom Dommrich）表示，该行业有大约 1000 家制造商，几乎全是中小型企业，有些零部件只能从中国购买。而贸易战让这些小企业的生存举步维艰。"毫无疑问，纳瓦罗'任性'的立场正在毁坏美国和重要贸易合作伙伴中国的关系，而这样的做法最终对美国不利。不仅是中国，墨西哥、德国等贸易伙伴在渐行渐远，如果墨西哥无法和美国继续保持紧密的贸易关系，他们肯定会转向印度和中国。同样的，特朗普政府正在和欧盟关系恶化，最终的结果是，德国等欧盟国家必会和中国寻求更多的合作机会。"美国《国家利益》杂志的编辑雅各布·海尔布伦（Jucob Heilbrunn）撰文称，"讽刺的是，纳瓦罗'制裁'中国的方式，最终可能将有利于中国"。美国印中美研究所的经济学家丹·斯坦伯克指出，纳瓦罗渲染的"中国威胁论"，缺乏事实根据，更像是政治说服工具。《洛杉矶时报》也认为，《致命中国》"充满了仇外的歇斯底里和夸大事实，分不清事情的因果关系。"①

2. "特朗普团队可能会走入中国的'陷阱'"

美国企业公共政策研究所在 2018 年 5 月 1 日发表的《特朗普的对华贸易团队：为莱特希泽和纳瓦罗加油》报告提到："无论他们的缺点是什么，莱特希泽和纳瓦罗都熟知中国根深蒂固的重商主义保护贸易政策的'复杂元素'，以及它们对美国和世界贸易体系的破坏性影响。"《华盛顿邮报》专栏作家乔希·罗金（Josh Rogin）警告说，特朗普团队可能会走入中国的"陷阱"。"这些都不能解决更大的问题，包括中国的掠夺性投资、无视国际贸易承诺、强迫技术转让、知识产权盗窃，以及企图通过国家资助的'国家冠军'企业主导未来的技术领域。"

3. "要警惕特朗普的贸易政策正在奏效的说法"

美国卡托研究所在 2018 年 6 月 7 日发表的《要警惕特朗普的贸易政策正在奏效的说法》报告称，纳瓦罗在《今日美国》的一篇专栏文章中写道：特朗普总统的税收、贸易和工人培训政策在提升美国工人士气和收入方面取得成功的典范——一家新的铝厂。这座新的铝厂将建在肯塔基州的阿什兰……在我们国家最贫困的地区之一阿巴拉契亚山脉崎岖的山脉和薄雾中。

---

① 《任性纳瓦罗的"致命"危险》，《中国新闻周刊》，2018 年 7 月 24 日。

（八）没有胜利者

1. "在他们心底里，维护美国的绝对霸权、实现个人超级权力、谋取个人私利，远远超过美国企业和民众的反对声，远远超过全球民众的利益福祉"

美国中文网在 2018 年 7 月 5 日发表的《国际锐评：想打贸易战的，只有这三个人》文章称，"既然是战争，交战双方必然都会付出代价。一旦中美开战，最大的输家无疑是中美两国乃至全球的民众。但是，在美国，有三个人并不这么想。因为，在他们心底里，维护美国的绝对霸权、实现个人超级权力、谋取个人私利，远远超过美国企业和民众的反对声，远远超过全球民众的利益福祉"。目前，由特朗普、莱特希泽、纳瓦罗组成的白宫"铁三角"，正以加征关税为手段，对所有被他们认为"占了美国便宜"的贸易伙伴们挑起战火，中国是其中主要目标。"作为民粹主义与保护主义的坚定支持者，白宫'铁三角'对维护美国霸权达到了狂躁状态，都信奉'你赢我输'的零和博弈思维，但他们对中国都不了解、都有偏见。"这也就注定了他们都有致命弱点：特朗普毫无打贸易战的经验，想靠生意场上的欺诈和极限施压来制服中国，无疑是自不量力；莱特希泽虽有"广场协议"的成名作，但是，中国不是日本，2018 年也不是 1985 年，他所拥有的经验与手段已经过时无效；至于纳瓦罗，虽然他炮制的如何应对"中国经济侵略"理论看似唬人，其实是"纸上谈兵"。美国主流媒体与专家普遍认为，纳瓦罗对中美贸易逆差的深层次原因一知半解，不得要领。比如，《纽约客》杂志称纳瓦罗的观点"不但过度简单，而且错误、危险。"卡托研究所则指出，纳瓦罗专栏文章中几乎每一个段落都包含事实性错误或者错误的理解。

《环球新闻在线》2018年4月9日发表的《中美贸易摩擦升级 外媒称美鹰派成对华贸易战"推手"》文章援引路透社报道，中美贸易摩擦不断升级，这种迅速升级的对抗已经将全世界最大两个经济体推向贸易战的边缘。据路透社4月6日报道，推动中美两国针锋相对式的对抗迅速升级的，是纳瓦罗和莱特希泽。法国外贸银行经济学家阿莉西亚·加西亚·埃雷罗（Alicia Garcia Herrero）说："中美双方都知道这场贸易战并不是一场真正的贸易战，而是一场争夺全球掌控权的战争，而这在很大程度上表现为对科技的掌控。"全球两大经济体在这场贸易争端中你来我往，可能殃及科技业及汽车业的全球供应链，这些行业极为依赖将零部件外包。美国商业组织纷纷表示，旗下会员正在做准备，以防中国采取影响在华所有美企，而不单单是被征收关税行业的反击措施。美中贸易全国委员会（USCBC）中国区事务副会长彭捷宁（Jacob

Parker）称，部分企业已报告中国政府正与国内企业讨论，把购买美国商品和服务的合约转给欧洲、日本或是国内的供应商。

2. "无论这场冲突以何种形式发生，持续多久，都不会有赢家"

英国《经济学人》在 2018 年 6 月 21 日发表的报告称中美之间可能爆发全面的贸易战。文中称，中美之间的虚假贸易战越来越有可能发展成真正的战争。特朗普的团队坚持认为，中国是通过窃取美国知识产权、实施不公平的产业政策而引发冲突的。一旦征收了关税，权利和错误——甚至世贸组织本身在争端中的作用——都可以被遗忘。尽管如此，关税将会对美国公司造成伤害，因为它会增加竞争对手所没有的成本。即使对于中国占进口份额很小的产品，重建供应链也可能说起来容易做起来难。美国工业企业集团通用电气公司（GE）在公开作证时指出，该公司的专业零部件经过了各种质量控制流程和监管审批，但该公司被要求从清单中删除 34 种产品，而不是 1 种产品。给中国带来痛苦，说起来容易，做起来难。特朗普政府希望阻止中国在其"中国制造 2025"政策中确定的战略领域雄心。但根据美国雪城大学的杨亮和美国彼得森国际经济研究所的玛丽·罗夫利（Mary Lovely）的说法，2013 年中国对美国高科技产品出口的 55% 来自外商独资企业。从中国进口的 36 亿美元的半导体产品主要来自美国公司的子公司，包括美国设计和制造的芯片，这些公司在中国仅用于劳动密集型产品的组装和测试。中国将主要打击支持特朗普的州的农产品。但随着贸易战的升级，痛苦变得更加任意。2017 年，美国从中国进口了价值 5050 亿美元的商品。如果将关税扩大至 2500 亿美元（更不用说 4500 亿美元），那么服装和电子产品等消费品将不可能不被牵连其中。很少有替代供应商的产品将受到打击。美国进口商很难避免将不断上涨的成本转嫁给消费者。国际贸易和可持续发展中心的德米特里·格罗佐宾斯基（Dmitry Grozoubinski）表示，贸易战会涉及 "炸毁你自己的城市，并将产生的烟雾飘过边界，希望能刺痛他们的眼睛。" 对于特朗普政府内部的一些人来说，降低在华投资的吸引力不是贸易战的不幸副作用，而是其目标之一。无论这场冲突以何种形式发生，持续多久，都不会有赢家。

3. "和 30 年前一样，美国消费者将成为贸易战的最大输家"

法国欧洲时报在 2018 年 8 月 9 日发表《美国对 160 亿中国产品加征关税的背后》文章称，美国基础电子产品公司宣布，两个月后将关闭设在南卡罗来纳州的电视机厂，并在此前将该厂 134 个工作岗位削减

126 个，原因是美国政府"对来自中国的不少商品、包括电视机主要零部件加征关税"导致成本增加。彼得森国际经济研究所数据显示，如果美国对全球开征 25% 的汽车关税，大约有 19.5 万美国工人将在 1—3 年内失业，如果其他国家采取反制措施，美国将损失约 62.4 万的工作岗位。美国亚特兰大联邦储备银行发布调查显示，关税担忧迫使约 1/5 的美国企业需重新评估、推迟或放弃其投资计划。该机构指出，目前贸易摩擦对美国企业投资的负面影响主要集中在制造业，如果局势进一步升级，美国企业投资的负面影响可能会继续扩大。对海外出口市场高度依赖的美国牛奶，价格也因贸易战跌至 15 美元/100 磅。威斯康星州中西部一位奶农萨拉·劳埃德对媒体称，他们家族有个近百年奶场，现在每月大概亏损 3 万美元，要是撑不下去，"明年这里就不会有奶牛挤奶了"。从可口可乐到房车，从玩具到服装，美国国内消费品市场正在"美国国家安全"阴影下刮起涨价潮。就在美方宣布决定对 160 亿美元中国进口商品加征 25% 关税后，有美国网友指出，这意味着美国消费者成本会上涨 25%，而这种负担并不均衡地落在低收入群体身上，因为他们消费的中国产品比例更高。美银美林在一份最新报告中指出，美国政府的贸易政策是美国 20 世纪 80 年代糟糕政策的重演，和 30 年前一样，美国消费者将成为贸易战的最大输家。

英国广播公司在 2018 年 6 月 26 日发表的《美国股市普跌贸易战打击了这些公司》文章称，著名摩托车品牌哈雷戴维森称，受欧盟对摩托车新关税的影响，公司将承受更高成本，新增开支达数百万美元，为避免成本，公司会将部分产品的生产移出美国。消息一出，哈雷戴维森股价狂泻将近 6%。PNC 银行高级经济学家亚当斯（Bill Adams）表示，"美国与中国政府都有强烈动机缓解贸易摩擦，但新的一报还一报的战略使得贸易战的预测不是那么牵强"。

4. "对于美国经济来说，关税是不可接受的赌博，赌注持续上升，看不到尽头"

美国纽约时报中文网在 2018 年 8 月 2 日发表《特朗普考虑对 2000 亿美元中国商品征收 25% 关税》文章称，虽然关税旨在伤害中国，但它们也对依赖中国工厂产品的美国消费者和企业产生了影响，特别是农民和制造商抱怨他们在贸易战中首当其冲，因为中国提高了通常从这些农场购买的进口大豆和其他农产品的价格；此外还提高了制造商生产机械、服装和其他产品所需的材料和产品的价格。"增加关税规模只会增加将要造成的伤害"，全国零售商联合会主席马修·谢伊（Matthew Shay）说。"对于美国经济来说，关税是不可接受的赌博，赌注持续上升，看不到尽头。"美国商会在一项分析中估计，要向受海外报复影响的其他行业提供相同水平的援助，政府需要支出更多。国际战略研究中心的中国专家斯科特·肯尼迪表示，将关税涨至25%会给中国领导人带来巨大压力，为了帮助抵消未来出口商出现的损失，他们会让货币进一步贬值。"我们能预见到会继续出现贬值，以及内部关于一次性贬值的激烈讨论"，肯尼迪说。白宫的意思是"我们提高关税的速度比你们货币贬值快"，美国企业研究所史剑道说。

（九）致命美国者

1. "美国汽车行业就业将受到特朗普关税的严重影响，其程度远远超过美国钢铁业的受益程度"

美国外交关系学会在2018年3月8日发表的《特朗普钢铁关税可能会导致多达40000个汽车行业岗位流失，相当于钢铁行业就业的近三分之一》文章认为，国会和工业界关于关税政策的反对者认为，关税对钢铁有利可能对其他行业不利。纳瓦罗说，"瞧，他们不喜欢这个。他们当然不喜欢。他们在做什么？他们在说谎。他们发布假新闻。他们把这一切都夸大了"。纳瓦罗是正确的吗？根据测算，预计到2019年年底，汽车销售额下降将导致汽车行业损失18000到40000个工作机会。鉴于美国汽车行业就业率远高于美国钢铁

业，所以汽车行业失业造成的损失将大于钢铁业就业
增长可能带来的收益。纳瓦罗的观点是错误的。

2. "美中两国面临的真正挑战是，围绕 21 世纪最
佳贸易实践达成新的全球共识"

美国大西洋理事会在 2018 年 8 月 14 日发表的
《与中国的难以捉摸的"更好交易"》报告称，麻省理
工学院经济学家戴维·奥特尔（David Autor）的一项
具有里程碑意义的研究——1999—2011 年期间美国制
造业工作岗位减少了 98.5 万个，约占这一时期该行业
总失业人数的 20%，数据表明，造成这一情况的原因
是所谓的"中国竞争加剧的冲击"。那些支持中国
"入世"的人表示，试图将中国拒于世贸组织门外的
努力可能只会推迟，而非防止这些不利影响的发生。
中国拥有大量廉价劳动力，其在生产出口大量低成本
制成品方面具有现成的优势。如今，要实现与中国的
公平贸易，就意味着要解决执政的共产党与商业机构
（如银行和其他国有企业）之间的紧密联系。特朗普
总统承诺为美国争取"更好的协议"，但美中两国面
临的真正挑战是，围绕 21 世纪最佳贸易实践达成新的
全球共识。这意味着要更新贸易规则，不仅要处理跨
境货物的流动，还要处理与电子商务、人工智能和其
他新的与数字技术相关的越来越多的数据流动。要实
现这一目标，美国必须首先正视自己在世贸组织中的

原本意图。

3. "贸易战代价高昂，没有必要，并且会伤害美国经济"

美国《纽约时报》在 2018 年 6 月 20 日发表的《特朗普的贸易战豪赌：等待北京先让步》文章认为，美国鞋类分销商和零售商协会会长马特·普里斯特说，很难认为对另外 2000 亿美元的中国商品征收关税不会"对各行各业的美国民众产生不利影响"。"总统声称贸易战容易打赢，但我们这个行业向来都了解的一点正在成为现实：贸易战代价高昂，没有必要，并且会伤害美国经济"，他说。美国零售、科技和制造业企业纷纷谴责贸易战的做法，认为这给美国消费者和企业造成的伤害，可能会超出白宫的想象。信息技术产业协会的发言人乔斯·卡斯塔涅达（José Castaeda）说，与中国贸易紧张关系升级是"不负责任和适得其反的"。"我们感谢特朗普总统为保护美国'王冠上的宝石'所做的努力，但征收关税是完全错误的做法"，他说："白宫需和我们的盟友合作，同中国一起创造持久的变化。一旦出错，会有太多的工作岗位和生计面临危险。"

美国外交关系学会在 2018 年 6 月 19 日发表的《特朗普的关税措施损害了美国的竞争力》报告认为，特朗普的关税措施对美国经济的伤害有：截至 2018 年美国失业率为 3.8%，为 18 年来的低点，美国几乎没有多余的能力来实现这一目标。生产力必须从其他部门转移。关税的总体影响是通过提高价格来降低美国消费者的购买力，这是因为美国公司依赖进口保持全球竞争力。一旦失去获得外国进口零部件，它们的市场份额就会输给那些在海外经营的公司。

4. "致命纳瓦罗"有可能致命美国

斯蒂芬·罗奇认为，"致命纳瓦罗"有可能致命美国，纳瓦罗可能走错了路，正带着美国逼近悬崖边。纳瓦罗的经济学理论与大多数大学生在宏观经济学入门时所学的相悖。在纳瓦罗的怂恿下，特朗普从很多与美国有巨大贸易顺差的国家中选取中国、日本、德国、墨西哥和加拿大不断攻击。在他看来，这些前任总统留下的逆差是"恐怖贸易协定"的象征，而只有他能扭转这些协定。中国的制造业平均补偿率是 2.3 美元/小时，美国的其他九大外国供应商是 26 美元/小时。特朗普首次对中国商品加收关税后，美国的进口需求已经转向高成本供货商，这将对价格压力产生重要和持续性的影响，伤害收入拮据的美国家庭。纳瓦罗的错误不仅仅出在经济学上，在他小报风格的纪录片《致命中国》中，主角中国被塑造成美国生活方式的终极威胁。这种论调更是体现在 2018 年 6 月白宫贸易和制造业政策办公室发布的白皮书中。其中最严重的指责是，"中国企图通过各种必要手段夺得美国科技和知识产权的王冠"。这份白皮书不乏穷兵黩武的叫嚣，为特朗普代表"受害"美国民众打贸易战辩护。该报告为支持特朗普政府这几个月来对华采取加收关税和惩罚性贸易措施，提供基本证据。但是，报告从几个方面来说都不着边际。首先，它指责中国"强迫进行技术转移"，认为美国企业要想在华开展业务，必须交出专利技术和操作系统的蓝本。这种技术转移据称发生在合资企业当中。值得注意的是，出于商业上可行的原因，美国以及其他国家的跨国公司愿意成为这些合法协商安排的一部分。把美国公司说成中国施压的无辜受害者，和中方作为摩根士丹利高管参与同中国企业合资成立公司的经历不符。其次，美国贸易代表办公室和纳瓦罗的报告在针对中国时都强调网络间谍的作用。实际上，美国前总统奥巴马 2015 年与中国领导人会面时，曾谈及电脑黑客攻击。自那时起，多数报告都指出中国网络攻击在减少。然而，美国贸易代表办公室和纳瓦罗用来支持网络相关贸易违规行为的证据，其发生的时间多位于 2015 年的会晤之前。最后，"特别 301 报告"以及纳瓦罗的总结，都将中国的对外投资描述为一个国家主导的专门计划，旨在吞噬美国新近设立的企业以及它们的专利技术。但通过产业政策实现国家经济和竞争目标，中国不是独一家。

第二次世界大战之后，日本、德国甚至美国都通过"军工复合体"实施过这类战略。其实，美国的所作所为均指向反华政策的重要支柱——权力政治。从特朗普到莱特希泽再到纳瓦罗，华盛顿遏制中国成为一支地缘战略全球力量的努力昭然若揭。2017年12月的美国《国家安全战略报告》中，特朗普政府让外界对它把中国树为全球舞台强硬国家的动机深信不疑。该报告毫不掩饰地说，"中俄挑战美国实力、影响力和利益，试图侵蚀美国的安全和繁荣"。这是美国所谓"正义贸易战"的动员。特朗普和纳瓦罗都认为，美国现在足够强大，处于经济周期的有利阶段，可以进行权力博弈，打压中国。和特朗普一样，纳瓦罗宣称，贸易战很容易赢。他俩都面临低估中国的风险，而更危险的是，他们高估了美国经济的势头。按照纳瓦罗塑造的"致命中国"意象，特朗普可能正让美国倒在自己的剑下。

（十）全球经济秩序最危险的人

1. "世界上最危险的人是纳瓦罗"

美国经济教育基金会在2017年3月5日发表的《这是世界上最危险的人吗?》报告称，世界上最危险的人是纳瓦罗。对于那些不熟悉彼得·纳瓦罗的人来说，纳瓦罗是特朗普的贸易政策大师，也被描述为鼓吹"狡猾的经济学""令人震惊的无知""误入歧途的"和"危险的"。纳瓦罗的基本想法是，中国、日本和德国等国家已经操纵了不利于美国的贸易体系，它们的巨额出口盈余是进行货币操纵和实施其他不良手段的结果。更广泛地说，纳瓦罗和特朗普都认为出口是有益的，而进口是有害的。美国贸易政策的目标是使前者最大化并使后者最小化，也就是说，与增加贸易量相比，消除与别国（无论是个别国家还是整个世界）的贸易赤字更为重要。虽然进口可能对特定经济部门造成损害，但贸易对整体经济有利。事实上，正如英国智库亚当·斯密研究所研究员蒂姆·沃斯托（Tim Worstall）指出的那样，按道理讲，任何类型的贸易，即使在可怕的不公平条款下，都比没有贸易更好。相反，任何限制贸易的企图都是一种破坏，比如奥巴马的轮胎关税政策，该政策虽然为美国挽救了1200个工作岗位，但却使美国付出了12亿美元的经济损失。然而，比纳瓦罗的经济理论更令人担忧的是他和特朗普准备采取的实际措施。因为特朗普和纳瓦罗，跨太平洋伙伴关系已经死亡，数千亿美元的潜在经济收益也随之付诸东流。美国与欧盟之间拟议的贸易协议，以及美国、加拿大和墨西哥之间的北美自由贸易协定也可能遭遇同样的命运。白宫新政府也在提议绕过世界贸易组织，对那些反对美国贸易政策的人施加惩罚。没有任何理念能像纳瓦罗与特朗普的想法一样对世界经济造成如此大的损害。特朗普和纳瓦罗似乎在倡导一个除了"美国永远胜利"之外别无其他规则的世界。特朗普认为，规则就是白宫制定的规则。这就是为什么纳瓦罗的想法不仅仅是荒谬的，还非常危险。对于理性的经济学家来说，贸易中最重要的衡量标准就是贸易量。对于特朗普和纳瓦罗来说，最重要的是谁是赢家。所有证据都表明他们认为贸易不是双赢的，而是零和游戏。而且如果他们失败了，他们保留更改规则的权利，并不考虑这是否会导致其他玩家完全放弃游戏。

2. "全球经济秩序最危险的人物"

无独有偶，印度经济时报在 2017 年 3 月 15 日发表的《彼得·纳瓦罗：全球经济秩序最危险的人物》文章指出，他是激进的、坚定的，并对美国总统唐纳德·特朗普产生了巨大影响。"纳瓦罗不喜欢美国对印度的贸易逆差，一点也不喜欢。并且，美印贸易可能出现摩擦。纳瓦罗和他的同事想要通过惩罚其他国家来让美国再次伟大。"他们的座右铭是"公平和分享"：公平贸易并分担国防责任。"当美国处于受害者模式时，印度必须进行调整。特朗普政府的主旨是不同的，旧的剧本可能行不通。纳瓦罗就是一个很好的例子。"纳瓦罗在白宫领导贸易"特种部队"，"在修剪全球经济体系中的杂草"。"纳瓦罗希望彻底破坏多边贸易规则,并在"互惠"的基础上实施双边自由贸易协议。特朗普阵营当中有不同的意见,目前还不清楚谁将赢得派系战争。但我们最好做好准备。"

3. "特朗普给世界带来的改变是长期的、负面的"

美国中文网在 2018 年 8 月 2 日发表的《美国气势汹汹背后,其实心头正相当焦虑!》文章援引斯蒂格利茨的看法,他认为,特朗普打完这场愚蠢的贸易战之后,未来的不确定性将比今天更高,人们对国际法治将更缺乏信心,国与国之间的边界将更加难以逾越。"特朗普给世界带来的改变是长期的、负面的。即使贸易战能以最好的结局收场,大家仍难以避免损失,唯一的胜利者将是特朗普——他超大号的自我,会再膨胀那么一点点。"

王灵桂，男，1967年生，山东诸城人。现为中国社会科学院信息情报研究院党委书记、院长、研究员。从2020年5月起，担任中国社会科学院国家高端智库副理事长、研究员。主要研究方向是"一带一路"、全球战略、反恐研究、伊斯兰教研究、中东问题研究、港澳问题研究等多个领域。任职期间，共计发表500余篇（部）作品，约计1600万字。曾任多个重要项目的首席专家，并在国家重要政府部门中担任学术兼职。出版30余部与"一带一路"有关的专著、研究报告等，并被商务部聘请为"一带一路"咨询委员会成员、工商联"一带一路"国际合作委员会专家。